Wo Wildnis entsteht

Wolf Hockenjos

Der Bannwald Zweribach im Schwarzwald

Die deutsche Nationalbibliothek verzeichnet diese Publikation in der Deutschen Nationalbibliografie; detaillierte bibliografische Daten sind im Internet unter www.dnb.de abrufbar.

© 2015 Der Kleine Buch Verlag, Karlsruhe
Projektmanagement und Korrektorat: Natascha Matussek

Lektorat: Stefan Krauss, post scriptum
Satz, Layout und Umschlaggestaltung:
post scriptum, www.post-scriptum.biz
Druck: Multiprint GmbH, Bulgarien

Alle Fotos stammen vom Autor, wenn nicht bei der Abbildung anders vermerkt.

Das Werk einschließlich aller seiner Teile ist urheberrechtlich geschützt. Jede Verwertung außerhalb der engen Grenzen des Urheberrechtsgesetzes (auch Fotokopien, Mikroverfilmung und Übersetzung) ist ohne Zustimmung des Verlags unzulässig und strafbar. Dies gilt auch ausdrücklich für die Einspeicherung und Verarbeitung in elektronischen Systemen jeder Art und von jedem Betreiber.

ISBN 978-3-7650-8413-3

Inhalt

Zum Geleit
von Georg Keller — 7

Vorwort
von Werner Konold — 8

1 Einstieg — 11

2 Der Duft von Grünerlen — 17

3 Sturmereignisse — 25

4 Von Klöstern und Heidenschlössern –
Ein Kapitel Siedlungsgeschichte — 37

5 Die letzten Heidenschlössler –
Ein Kapitel Zeitgeschichte — 59

6 Touristen und Wildnissucher — 69

7 Unter Spannung — 79

8 Futter vom Baum –
die Schneitelwirtschaft — 89

9 Zunderschwämme und andere
Holzzersetzer — 97

10 Wie aus Wiese Wald wird — 109

11 Als die Reutfelder noch qualmten — 119

12 Waldwirtschaftliche Vorgeschichte — 125

13 Urwald – das (mutmaßliche)
Original — 145

14 Der Traum von der Wildnis — 157

Dank — 160

Welche Wirkungen selbst begrenzte Wildnis auf den Menschen hat, das hat offener Sinn überall registriert: Wir staunen und beunruhigen uns, wir sind begeistert und erschauern, wir empfinden Sehnsucht und ein rätselhaftes Gefühl von Dauer.

Siegfried Lenz: Über den Schmerz. 2000

Zum Geleit

Seit dem Mittelalter besiedelten die Menschen in mühevoller Arbeit den Schwarzwald. Ausgehend von Klöstern stießen sie in das noch unwirtliche Gebirge vor und schufen sich Platz zum Leben. Mitte des 18. Jahrhunderts hatten sie den Wald der menschlichen Nutzung unterworfen, in weit größerem Maßstab als heute war der Schwarzwald offenes Land. Damals verschwanden auch die Großraubtiere: der Mensch hatte die lästigen Konkurrenten ausgerottet. Die Wildnis war besiegt.

Mit dem Aufkommen der Naturschutzbewegung hält seit 150 Jahren ein Umdenken Einzug: Die Wildnis soll wieder zurückkehren. Gerade die Schaffung von Bannwäldern – also von Totalreservaten mit vollkommen ungenutzten Wäldern – ist ein geeignetes Mittel dazu und ist im Schwarzwald eng mit dem Schwarzwaldverein verbunden. Der erste Nachkriegs-Präsident Matthias Callenberg überzeugte die badische Forstverwaltung in den 1950er Jahren, dass Waldreservate nicht nur das Landschaftsbild und das Naturerlebnis der Wanderer bereichern, sondern dass sie auch für den Waldbau, indem man die vom Menschen ungestörte Waldentwicklung miterleben und wissenschaftlich begleiten kann, von großem Nutzen sein können.

Fritz Hockenjos, Vater des Autors und begeisterter Naturliebhaber, war zu jener Zeit Leiter des Forstamts in St. Märgen. Seit 1953 Hauptnaturschutzwart des Schwarzwaldvereins, veranlasste er, auch in seinem Forstbezirk Bannwälder auszuweisen. Im Schwarzwald war er bekannt geworden, weil er sich seit 1953 als Vorsitzender der »Arbeitsgemeinschaft Heimatschutz Südbaden«, eines frühen Beispiels einer Bürgerinitiative, erfolgreich für den Schutz der Wutachschlucht und gegen Aufstau und Ableitung des Gewässers zur Stromgewinnung sowie gegen den Bau der Schwarzwald-Autobahn einsetzte. 1970 wurde er auch Präsident des Schwarzwaldvereins und blieb es bis 1979.

Ihm verdanken wir den vielleicht 60 Jahre unbewirtschafteten Bannwald »Zweribach«, dem sich dieses Buch seines Sohnes Wolf intensiv widmet. Dass der nun einen Bild-Textband über den Bannwald vorlegt, den er von Kindesbeinen an immer wieder aufgesucht und dessen Entwicklung er von der bäuerlichen Kulturlandschaft zur Wildnis bis heute verfolgen kann, ist ein wahrer Glücksfall. Es ist gleichzeitig eine Hommage an den Vater, dessen Aufzeichnungen und Bildarchiv er verwerten konnte, um den Prozess der »Rückverwilderung« des Zweribachtals seit Mitte des vorigen Jahrhunderts dem Leser begreifbar zu machen.

Auch Wolf Hockenjos ist dem Schwarzwaldverein sehr verbunden, er ist zeitlebens Mitglied in der Ortsgruppe St. Märgen geblieben, dem Dorf, in dem er aufgewachsen ist. In den 1970er Jahren war er im Hauptvorstand des Vereins für das Skiwandern zuständig. Seit damals meldet er sich in der Verbandszeitschrift mit kritischen und engagierten Beiträgen zum Naturschutz, 2011 verlieh ihm der Verein dafür den Kulturpreis.

Wenn wir durch das Banngebiet am Zweribach wandern, das uns Wolf Hockenjos so eindrücklich vorstellt, wandern wir durch die Zeit: Wir können erahnen, wie der Schwarzwald einst ausgesehen haben könnte. Wir merken, wie die Natur sich langsam aber beharrlich Teile der Kulturlandschaft zurückholt. Und wir sehen, wie neuer Urwald ohne eine von uns vorgegebene Ordnung entsteht.

Es ist kein trockenes Sachbuch für Fachleute geworden – es ist ein sehr persönliches und nicht unkritisches Bekenntnis zur Schwarzwaldlandschaft des 21. Jahrhunderts. Ich wünsche dem Buch eine begeisterte Leserschaft.

Georg Keller
Präsident Schwarzwaldverein

Vorwort

von Werner Konold

Wo entsteht »Wildnis«? Wildnis kann überall entstehen, nur nicht in der natürlichen Natur, denn Natur kann nicht verwildern.

Das Empfinden von Wildnis ist fast immer abhängig von der Kenntnis des früheren Zustands einer Gegend, von den Bildern, die wir im Kopf mit uns herumtragen, von Erinnerungen, Erfahrungen, von Widerfahrenem, auch ein Stück weit von Erwartungen, die wir nicht bestätigt sehen. Wildnis ist auch das plötzlich vor einem auftauchende Chaos, das Irreguläre, das Unwegsame, etwa nachdem ein Sturm einen Wald niedergelegt hat und den wir nicht mehr von innen, sondern nur noch vom Rand – gleichsam als Zaungast – betrachten können. Das ist die katastrophale Wildnis, die Zerstörung von Ordnung. Sie kann Ängste auslösen. Sucht man nach Begriffen, die Wildnis übergreifend einfangen, so landet man bei Unvorhersehbarem, Unkontrollierbarem, Ungestaltetsein, Ursprünglichkeit, nicht bei Totholz und ökologischer Funktion. Man landet also bei kulturalen Ausdrücken: Wildnis ist ein subjektives und kultural bedingtes Konstrukt im Kopf. Wildnis ist ein ganz und gar kulturales Phänomen.

Das Spüren und die Erfahrung von Wildnis wird von ganz vielen Menschen mit Holz, Bäumen, Gehölz, Wald, Gebüsch in Verbindung gebracht, direkt und im übertragenen Sinne mit dem Fehlen der Überschaubarkeit, des weiten Blicks und der Orientierung. Wildnis ist – gerade auch auf den uns von den Medien übertragenen Bildern – eher feucht, morsch, dunkel, bemoost, farnreich, aussichtslos.

Wildnis wird besonders tief und prägend erlebt, wenn die äußeren Bedingungen extrem sind, der Sturm bläst, der Regen peitscht, die Kälte bitterlich ist. Dies haftet in unserer Erinnerung.

»Wildnis« in der Kulturlandschaft: natürliche und ziellose Prozesse legen sich auf die vom Menschen geprägten Strukturen, umgeben vom Gegensätzlichen, von Ordnung, Grenze, Weg, Haus. Die in der Wildnis ablaufenden Entwicklungen der Vegetation sind Spiegelbild dessen, was dort schon wuchs, ist Spiegelbild der Umgebung, die Früchte und Samen liefert, und dessen, was an Samen noch im Boden steckt. Diese Wildnis ist kulturgeprägt, hat eine ganz eigene Geschichte und einen eigenen Werdegang, ist oftmals vielgestaltiger und an Arten reichhaltiger als die natürliche Natur (die es bei uns eigentlich gar nicht mehr gibt), reichhaltiger wegen ruinöser Mauern, Gräben, Lesesteinen, Gruben, Hofbäumen, Obstbäumen, Eschen, Gartenrelikten. Solche Wildnis kann ganz unterschiedliche Empfindungen auslösen, die der Erkenntnis, wie machtvoll, stark und kompromisslos die Natur zu ihren Gesetzmäßigkeiten findet, die des Niedergangs, der Vereinnahmung, die »Eroberung« von Kultur durch die Natur oder aber die überraschende Beobachtung, wie lange sich die vom Menschen gemachte Vielfalt gegen die wilde Natur behaupten kann. Entdeckungsdrang wird allemal ausgelöst.

»Wo Wildnis entsteht«: Eindrucksvoll beschrieben wird der Weg von einer vielfältigen Schwarzwälder Kulturlandschaft über eine verwilderte Kulturlandschaft hin zu einer ungebändigten, auf den ersten Blick chaotisch anmutenden Waldszenerie, in der sich Wildnisgefühle entfalten können. Es ist die Gegend um den Zweribach unweit von St. Peter, spät, aus der Not heraus besiedelt wegen der ganz schwierigen natürlichen Bedingungen, doch einer Landschaft, die, würde sie noch so aussehen wie vor ein paar Jahrzehnten, wir wegen ihrer typischen Schwarzwälder Eigenart unbedingt erhalten wollten.

Dort ist die »Wildnis« von Wolf Hockenjos. Es gibt sicherlich kaum einen Berufeneren, dem es erlaubt wäre, diesen spannenden Entwicklungsprozess einem größeren Publikum nahe zu bringen: im Schwarzwald in der Nachbarschaft des Zweribachgebiets aufgewachsen, als Kind und Jugendlicher Erlebnisse, Eindrücke und Bilder, später dann Fotografien gesammelt, tief verankert, engagiert, streitbar, fast keinem Konflikt für Natur und Landschaft aus dem Weg gegangen. Als Forstmann ist Wolf Hockenjos ein ganz scharfer Beobachter und ein scharfsinniger Interpret des Beobachteten. Seine Geschichte des Zweribachs lässt auf sehr gut lesbare Art und Weise historische Fakten und forstliches Fachwissen mit Erinnerungen und Erfahrungen verschmelzen, nicht selten gewürzt mit leiser Ironie. Eingeflochten werden Eindrücke und Geschichten Dritter, die den Stoff mal mehr, mal weniger realitätsnah bereichern. Der Autor trug ganz wunderbares Bildmaterial zusammen zum Weg des Zweribachs von der Kultur über die Verwahrlosung und Verwilderung bis hin zur »Wildnis«, die noch kulturlandschaftliche Züge trägt.

Das Buch ist – obwohl Wolf Hockenjos auch über eine Verlusterfahrung predigen könnte – ein leidenschaftlicher Appell für (auch mal) »Natur Natur sein lassen« oder besser: »aus Kultur Natur werden lassen«, dies in aller Abgeschiedenheit und ohne Wildnisrummel. Der Zweribach, immer schrecklich unzugänglich, eignete sich zum Glück nie – im Buch sehr schön beschrieben – zum Tourismusmagneten und daher auch nicht als Gegenstand der Tourismusgeschichte des Schwarzwaldes. Ich wünsche dem Zweribachgebiet auch weiterhin viel Ruhe, interessante Prozesse – wo diese hingehen, brauchen und wollen wir nicht wissen –, aber auch, dass noch lange ein paar Hinweise auf die kulturelle Vergangenheit zu entdecken sind.

Werner Konold ist Inhaber des Lehrstuhls für Landespflege an der Fakultät für Umwelt und Natürliche Ressourcen der Universität Freiburg

Allzu viel Wald? Im Tal der Kleinen Kinzig
ist es duster geworden

Kapitel 1
Einstieg

Ist es nicht eine verstümmelte und unvollständige Natur, mit der ich vertraut bin?

Henry David Thoreau:
Tagebuchaufzeichnung am 23. März 1856[1]

Droht der Schwarzwald zuzuwachsen? Falls ja: mit welcher Art Wald? Die Offenhaltung der Landschaft ist in Baden-Württemberg ein Thema von hohem agrarpolitischen, touristischen und naturschützerischen Stellenwert; mit ihm lassen sich im Schwarzwald sogar Wahlkämpfe bestreiten. Wer möchte schon ungerührt mit ansehen, wie der Kulturlandschaft (im Jargon der Landschaftspfleger) »Verbrachung«, »Verbuschung« und »Verwaldung« drohen? Die finstersten Beispiele sind längst ausgemacht: Nicht etwa nur im fernen Piemont, wo die Bevölkerung aus »zugewaldeten« Tälern flüchtet und wo man aus der Not schließlich eine Tugend, den Val-Grande-Nationalpark, gemacht hat.[2] Auch in manchen Schwarzwaldregionen scheint der Wald den Bewohnern allmählich über den Kopf wachsen zu wollen. Wo er drauf und dran ist, seinen Ruf als Wohltäter und Seelentröster, als Arbeitsplatz und grüne Lunge gründlich zu verspielen, gar Leidensdruck zu erzeugen. »Mehr Durchblick im Schwarzwald« – unter dieser Devise starteten ausgangs des Jahrtausends CDU-Abgeordnete eine Kampagne mit dem Ziel konsequenterer Offenhaltung. Die Schneisen, die kurz darauf, an jenem denkwürdigen Stephanstag 1999, der »Jahrhundertorkan Lothar« in den Wald geschlagen hat, müssen da und dort geradezu als Befreiung empfunden worden sein – nicht nur klammheimlich begrüßt von Bürgermeistern wie Kurdirektoren von mit Wald allzu reich gesegneten Kommunen. Eigentlich erstaunlich, wo Schwarzwaldtannen (nebst Walmdach, Bollenhut und Kirschtorte) doch als Markenzeichen von weltweitem Bekanntheitsgrad gelten, wo der Wald mithin, mag er noch so schwarz erscheinen, stets als touristischer Markenkern gehandelt wurde.

Im Piemont sind es die Vipern, die in die Häuser einzudringen pflegen, sobald der Wald den Bergdörfern zu nah rückt – von der Bevölkerung verstanden als ultimatives Fluchtsignal. Droht Landflucht nächstens auch bei uns? »Erst geht die Kuh, dann geht der Gast«, argumentieren die hiesigen Bauernverbandsfunktionäre – mit Seitenblick auf die Fördertöpfe und vor dem Hintergrund des Höfesterbens, der Aufgabe von jährlich über 3000 Betrieben im Land.[3] In den Landkreisen werden derweil zur Abmilderung des ländlichen Strukturwandels mit Nachdruck *Landschaftserhaltungsverbände* gegründet. Denn gepriesen sei die bäuerlich geprägte Kulturlandschaft des südlichen Schwarzwalds, der freie Blick über die Höhen hinweg bis zu den Vogesen und zur Alpenkette hinüber! Auch um den Preis, dass die Intensivweiden der verbliebenen Höhenlandwirte ihre Blumenpracht, ihren Thymianduft und ihre Schmetterlingsvielfalt unter der Güllefracht längst eingebüßt haben, dass Borstgras, Katzenpfötchen, Silberdistel und Flügelginster abgelöst wurden vom Braun des Wiesenampfers und vom Einheitsgelb des Löwenzahns, der »Saichblumen« in der drastischen Sprache der Einheimischen, der »Wälder«.

Und doch lebt die Erholungslandschaft durchaus nicht nur vom noch so gepflegten Wechsel von Wald und Offenland. Sie bedarf, nicht nur nach dem Geschmack erlebnishungriger Städter, zusätzlicher Spannungsreize, der Würze. Offenbar braucht die Kulturlandschaft der Mittelgebirge ihre Kontrapunkte: Restwildnis, Nischen möglichst ungestörter, urwüchsiger Natur. »Der Schwarzwald – Geheimnisvoller dunkler Tann«, so wird der Mythos dieses Gebirges in der TV-Serie *Wildes Deutschland* be-

Bäuerliche Kulturlandschaft mit Ausblick am Thurner (Hochschwarzwald)

worben und beschworen – Sehnsüchte, die filmisch gestillt werden unter Mithilfe von balzenden Auerhähnen, von Luchsen und Wildkatzen.

Wildnis, so eine repräsentative Studie des Bundesumweltministeriums von 2013, erfreue sich in der deutschen Bevölkerung wachsender Zustimmung und Nachfrage: Zwei Drittel der Befragten fänden an der Natur umso mehr Gefallen, je wilder sie sich zeigt; 42 % würden ein Mehr an Wildnis begrüßen. »Untersuchungen zeigen«, heißt es auch in jenem Gutachten, das *PricewaterhouseCoopers* und *ö:konzept GmbH – Consulting für Wald und Offenland* im April 2013 im Vorfeld der Nordschwarzwälder Nationalparkgründung vorgestellt haben, »dass Natur und Wildnis aktuelle Themen sind, die den Nerv der Zeit treffen.« Wie anders will man sich die Beliebtheit von noch so zerzausten, noch so ungepflegten, von Baumskeletten überragten Bannwäldern erklären? Was mag im Nordschwarzwald jährlich gegen 100 000 Besucher dazu veranlassen, sich durch den *Wildnis-Erlebnispfad* am Plättig unweit der Schwarzwaldhochstraße zu drängeln oder im Südschwarzwald durch die Wutachschlucht? Niemand scheint hier die Nutzung und Pflege von Wald und Flur zu vermissen. Nicht einmal angesichts der zu Ruinen verfallenen Kureinrichtungen von Bad Boll an der Wutach weinen wir der Kultur noch eine Träne nach, mochte sich hier zum Fin de Siècle noch so viel internationale Hautevolee getummelt haben.

In diesem Buch wird ein Fall von Verwahrlosung, von Rückverwilderung ausgebreitet: die Neuentstehung von Urwaldwildnis. Vorgestellt wird die Geschichte eines eiszeitlich überformten, ob seiner Schroffheit erst sehr spät besiedelten Talkessels – des Zweribachs, eines Zuflusses der Wilden Gutach, die eines der tiefsteingeschnittenen Täler des Schwarzwalds durchfließt, das Simonswäldertal. Nicht viel mehr als eine Tannengeneration trennt hier den echten Urwald, das Original, vom heutigen Bannwald. In der kurzen Zeitspanne dazwischen war das Tal, man mag es kaum mehr für möglich halten, dicht besiedelt und vorwiegend landwirtschaftlich genutzt.

Bannwälder sind Waldschutzgebiete, Totalreservate, die in Baden-Württemberg seit 1976 gemäß § 32 des Waldgesetzes ausgewiesen werden können; derzeit gibt es deren 99 mit insgesamt 6661 ha, das sind 0,5 % der Gesamtwaldfläche.[4] Der älteste Bannwald des Landes ist freilich schon sehr viel früher entstanden: Es war – ausgerechnet – ein Professor für Forstliche Betriebswirtschaft, der die Königlich Württembergische Forstverwaltung vor über einem Jahrhundert erfolgreich dazu gedrängt hatte, der noch heute hochgeschätzte Tübinger Christoph Wagner (1869–1936). Seiner Initiative vorausgegangen war im Jahr 1900 der Aufruf »Zur Erhaltung der vaterländischen Naturdenkmäler« des Pfarrers, Geographen, Botanikers und Landeskundlers Robert Gradmann, veröffentlicht in den *Blättern des Schwäbischen Albvereins*. Der Aufgeschlossenheit der Königlich württembergischen Forstverwaltung verdankt das erste Waldreservat des Landes seine Entstehung im Jahr 1911: der Bannwald um den Wilden See, Juwel und Kernstück des jungen Nationalparks. Vergleichbares hatte man badischerseits noch lange nicht vorzuweisen: Die erste Bannwaldausweisung durch die badische Landesforstverwaltung erfolgte 1952 auf noch unklarer Rechtsgrundlage im Zweribach, angeregt vom Schwarzwaldverein und angestiftet durch Fritz Hockenjos (1909–1995), seinerzeit Forstamtsleiter in St. Märgen.

Über sechs Jahrzehnte hinweg, buchstäblich von Kindesbeinen an, habe ich als sein Sohn, inzwischen selbst Forstamtsleiter im Ruhestand, die Entstehung und Entwicklung dieses »Urwalds aus zweiter Hand« mit und ohne Kamera begleitet. »Eine Spur wilder« wünschen sich heute die für den neugeschaffenen Nationalpark Verantwortlichen den Schwarzwald. Gar nicht wild genug kann es dem Autor im Bannwald Zweribach zugehen, denn vom Vater hat er nicht zuletzt auch dessen Faible für neu entstehende Wildnis in den Genen.

Das Zweribachtal 1950 (Aufn. F. Hockenjos) und heute

Gibt man bei Google das Suchwort »Wildnispädagogik« ein, darf man sicher sein, eine Unzahl an Treffern zu landen. Seit 1996 haben die Forstbeamten des Landes gemäß § 65 Waldgesetz eine zusätzliche Dienstaufgabe zu bewältigen: den »Bildungsauftrag Waldpädagogik«, eine Teildisziplin der Umweltbildung. Als waldpädagogische Klassenzimmer, davon bin ich zutiefst überzeugt, taugen nicht nur die Waldschulheime und der Wirtschaftswald ringsum, sondern in ganz besonderer Weise der Bannwald. In ihm lässt sich das unverkürzte (in der Formulierung des Philosophen Henry David Thoreau »unkastrierte«) Ökosystem studieren: Wald in seiner ungesteuerten und ungebändigten Dynamik, auch noch in seiner Reife- und Zerfallsphase. Angesichts fortschreitender Naturentfremdung wächst in der Gesellschaft, wie die Umfragen zeigen, der antagonistische Wunsch nach erlebbarer, naturbelassener Gegenwelt, nach Wildnis: nicht nur als ferntouristisches Traumziel, sondern auch als »Wildnis vor der Haustür«.

Für Wildnispädagogen liegt das Lernziel auf der Hand: »In der Selbstzurücknahme des Menschen gegenüber der Eigendynamik der Natur«, meint einer ihrer prominentesten Vertreter, Ernst Trommer,[5] berge das »Wildnislernen« die Chance, Natur intensiver zu erleben, sie verstehen und respektieren zu lernen. Mit der Natur sei es wie mit der Gesundheit, mahnte in einem Beitrag der Zeitschrift *Nationalpark* ein anderer, Bernd Lötsch, Generaldirektor des Wiener Naturhistorischen Museums:[6] »Ihr Wert wächst ins Unermessliche sowie sie schwindet.« Der Kontakt mit schöner, geheimnisvoller Natur werde für den Menschen in seiner entzauberten, technischen Ersatzwelt zur unersetzlichen »Seelennahrung«, zum »Vitamin für das Gemüt«. Und in der

Waldwildnis am Hirschbach

Zeitschrift »Natur und Landschaft« des Bundesamts für Naturschutz setzte schließlich der Osnabrücker Professor für Landschaftsarchitektur Herbert Zucchi noch eins drauf: So paradox es klingen mag, schreibt er, Wildnis sei heute eine »Kulturaufgabe«.[7]

Erst seit heute? Nichts gegen die Landschaftspflege, wo sie der bäuerlichen Bevölkerung das Überleben leichter macht. Doch neben der »zahmen« müsse es auch die »wilde Kultur unseres Bodens«, die Wildnis, geben; für deren Recht glaubte schon vor anderthalb Jahrhunderten der Sozialwissenschaftler und Schriftsteller Wilhelm Heinrich Riehl kämpfen zu sollen: »Jahrhunderte lang«, schrieb er in *Land und Leute*,[8] »war es eine Sache des Fortschrittes, das Recht des Feldes einseitig zu vertreten; jetzt ist es dagegen auch eine Sache des Fortschrittes, das Recht der Wildnis zu vertreten neben dem Rechte des Ackerlandes.«

Nicht anders als Riehl, angesichts der weiter fortschreitenden Industrialisierung und Ausräumung der Landschaft gewiss noch um einiges betroffener, muss anno 1900 Robert Gradmann den Verlust an wilder Natur erlitten haben. Und in die nämliche Kerbe hieb 1914 auch der Präsident des Schwarzwaldvereins, der Freiburger Oberbürgermeister Emil Thoma, als er die Einrichtung von Naturreservaten nach dem Vorbild nordamerikanischer Nationalparks forderte – auch er infiziert von den Ideen der *wilderness*-Philosophen um Henry David Thoreau. Oder war es im Engadin die Gründung des schweizerischen Nationalparks in jenem Jahr?

Vorerst hatte man in Deutschland freilich andere Sorgen. Im Jahr 1935 inspizierte der amerikanische Forstwissenschaftler, Wildbiologe und Ökologe, Aldo Leopold, einer der Gründer der Naturschutzbewegung in den USA, auf einer Studienreise den deutschen Wald. Was ihm dabei besonders ins Auge fiel und was er bemängelte: »Der deutschen Landschaft fehlt die Wildnis.«[9] Deutsche Waldnationalparks, ob im Bayerischen Wald, im Harz, in der Eifel oder im Nordschwarzwald, konnten dem Gast aus USA damals noch nicht geboten werden. Und die ersten Bannwälder Baden-Württembergs, jener am Wilden See im württembergischen Nordschwarzwald und der andere, der 1921 am Untereck in der Schwäbischen Alb entstanden war, lagen ohnehin nicht an seiner Reiseroute. Zugesagt hätte ihm gewiss auch der Wald im Zweribach, wiewohl noch ohne Schutzstatus und zu Teilen noch gezeichnet von der einstigen Weide- und Reutbergnutzung.

Schon gar nicht vorherzusehen war damals, dass das Bundeskabinett am 7. November 2007 zur Umsetzung eines UN-Übereinkommens die *Nationale Strategie zur biologischen Vielfalt* beschließen würde mit dem erklärten Ziel, bis 2020 auf 2 % der Landesfläche Wildnis zuzulassen und hierzu 5 % der Waldfläche aus der Bewirtschaftung zu entlassen. Oder dass Kommunen mit der Zulassung von Wildnis dereinst ihr *Ökokonto* aufbessern würden, der Hektar Waldwildnis dotiert mit wohlfeilen 40 000 Ökopunkten, zu vergeben an expansionswillige Gewerbebetriebe oder als Ausgleich eigenen Flächenhungers: Wildnis als Währung – was für ein Wertewandel! Das überkommene Naturschutzziel »Erhaltung naturnaher Kulturlandschaft« hat in der Schaffung und Zulassung von »Wildnis« seine Ergänzung gefunden.

---

[1] Thoreau, H. D.: Walden oder Leben in den Wäldern. Zürich, Diogenes, 2007.

[2] Schwab, S., Zecca, M., Konold, W.: Das Paradies auf Erden? Bern, Haupt Verlag, 2012.

[3] Seitz, R.: Strukturwandel in der Landwirtschaft geht weiter. Weniger, aber größere Betriebe in Baden-Württemberg. Statistisches Monatsheft Bad.-Württ. 4/2011.

[4] Nach einer Mitteilung der Forstlichen Versuchs- und Forschungsanstalt Baden-Württemberg (Stand November 2014) verstecken sich weitere 2895 ha Bannwald- und Prozessschutzflächen in den Nationalpark- und Biosphären-Kernzonen.

[5] Trommer, G.: Wildnis – die pädagogische Herausforderung. Weinheim, Deutscher Studien Verlag, 1992.

[6] Lötsch, B.: Orientierungspunkt Yellowstone. In: Nationalpark 4/1995.

[7] Zucchi, H.: Wildnis als Kulturaufgabe – ein Diskussionsbeitrag. In: Natur und Landschaft 77/2002.

[8] Riehl, W. H.: Land und Leute. Stuttgart, J. G. Cotta'scher Verlag, 1861.

[9] Leopold, A.: A Sand County Almanac. Oxford, Oxford University Press, 1966.

Kulturfolger Grünerle

Kapitel 2
Der Duft von Grünerlen

Die ehemals landwirtschaftlich genutzten Flächen sind heute sich selbst überlassen und bedecken sich zunehmend mit Waldbäumen. Erste Pioniere sind Salweiden, Birken und Aspen. An einigen Stellen konnten jedoch auch schon Fichte und Bergahorn Fuß fassen, in der Nähe des Baches auch die Grünerle.

Urwald von morgen. 1970[1]

Frühe Kindheits- und Jugenderinnerungen lassen sich bekanntlich auch mit Hilfe des Geruchssinns aus dem Speicher des Langzeitgedächtnisses hervorlocken. Wann immer mir auf Bergtouren das Apfelaroma von Grünerlen in die Nase steigt, taucht vor meinem inneren Auge die Mühle im Zweribachkessel auf, stellen sich verlässlich Bilder aus den 1950er Jahren bei mir ein: Die schindelgedeckte Mahlmühle am tosenden Hirschbach, aus hellen Tannenbalken grob zusammengefügt – noch ohne auch nur einen einzigen Eisennagel. Als Mühle wird sie da bereits nicht mehr genutzt, weder von ihrem einstigen Besitzer, dem Brunehof, noch von dessen Nachbarn, dem Bruggerhof. Umrahmt wird sie von üppigem Grünerlengesträuch. Auch Erinnerungen an den aus Krieg und Gefangenschaft heimgekehrten Vater pflegen in mir aufzusteigen; ihm war 1947 das Forstamt in St. Märgen übertragen worden. Im abgelegensten Staatswaldwinkel – er war ihm zuvor als Inbegriff der Unwirtlichkeit geschildert worden – hatte er die Mühle entdeckt, über deren »Kleiekotzer« noch die Jahreszahl 1786 eingekerbt war. Beim Versuch, das hölzerne Mühlrad, wohl eines der letzten des Schwarzwalds, in Gang zu setzen, war es ihm entzweigebrochen, weswegen er sich noch jahrelang heftige Vorwürfe machte. Weil an eine weitere Nutzung ohnehin nicht mehr zu denken war, kam ihm die Idee, die noch intakten Mühlsteine dem Gschwenghofbauern oben auf dem Hochplateau der *Platte* zu verkaufen, der sich daran interessiert gezeigt hatte. Mit dem Erlös ließ er die Mühle zur Hütte, zum Unterschlupf für Förster, Jäger und Waldarbeiter, mehr aber noch für die Familie und deren Freunde umbauen: Spartanisch eingerichtet mit Holzöfelchen, Eckbank, Bücherbord und Tisch sowie mit Strohsäcken auf dem Stockbett. Mit seinen drei Buben, die beiden Töchter waren einstweilen noch zu klein, würde er fortan hier die Sommer verbringen. Soviel Jugendbewegung musste sein, wie er glaubte, selbst nach deren Vereinnahmung und »Gleichschaltung« durch die Nazis – und nun erst recht in der sich abzeichnenden Wirtschaftswunderzeit.

Aus einer von drei Erlenarten, der strauchförmigen *Grünerle (Alnus viridis)*, besteht, wie botanisch interessierte Bergwanderer wissen, nicht nur der von Lawinenbahnen durchbrochene Krummholzgürtel der kristallinen Zentralalpen. Als Eiszeitrelikt kommt der ansonsten wenig auffällige Strauch auch noch auf frischen, schattseitigen Hängen und in Bachnähe im höheren Schwarzwald vor; vornehmlich bei Regenwetter und im Blühstadium verströmt er seinen unverwechselbaren Geruch. Um die Hirschbachmühle herum gediehen die Grünerlen, denn sie stand im Übergangsbereich von Wald und Weidfeld unmittelbar am Hirschbach, dem zweiten in den Talkessel hinabstürzenden Wildbach. Das Vieh des talabwärts gelegenen Bruggerhofs, das den Hüttenbewohnern die Frühstücksmilch und die Butter lieferte, hatte sich durch die säbelwüchsige Strauchwildnis nicht von gelegentlichen Besuchen abhalten lassen; wenn die Hinterwälder-Rinder nur nicht gerade den Zulauf zum Brunnen zerdalbten und die Fladen nicht überhandnahmen. Eigentümer von Wald und Weide waren nicht mehr der Bruggerhof unterhalb oder der Brunehof oberhalb der Mühle, sondern der Staat, der die beiden Höfe als »Waldarbeiterwerkanwesen« um die Jahrhundertwende erworben und sodann an die vormaligen Eigentümer verpachtet hatte.

Die Grünerle, deren Überdauern in der Nacheiszeit stets auf waldfreie Reliktstandorte angewiesen war, hat womöglich von der im Schwarzwald verbreiteten Reutbergwirtschaft profitiert.[2] Denn Weidebetrieb und »Rüttibrennen« dominierten einst selbst im felsdurchsetzten Karkessel von Zweribach und Hirschbach. Den Urwald hatten anno 1585 auf Geheiß des Abtes von St. Peter Tiroler, Salzburger und bayerische Holzhauer kahl geschlagen, um das im Simonswäldertal neu entstandene Eisenwerk mit Holz zu versorgen. Dafür hatte das Kloster den Hochgebirglern Siedlungsrechte als Erblehen vergeben, und so waren im Zweribach acht Gütlein entstanden, eines hälldiger und armseliger als das andere, bis der Wald im 18. Jahrhundert auf knapp ein Drittel seiner ursprünglichen Fläche zurückgedrängt worden war. Erst im 19. Jahrhundert begann er – trotz Beweidung, Reutberg- und Brennholznutzung – sich allmählich wieder auszudehnen, ein Vorgang, der sich im 20. Jahrhundert noch merklich beschleunigen sollte.

Bis zum Beginn des neuen Jahrtausends hatte der Wald auch die Mühle samt Grünerlen verschluckt, befinden wir uns doch inzwischen im ältesten Bannwald Badens. Nicht nur der Waldzustand, auch die Waldfläche nähert sich der Wildnis des 16. Jahrhunderts wieder an. Seine »Bannlegung« im Jahr 1952 war einem heftigen Sommersturm zu verdanken gewesen: Er hatte auf den unzugänglichen Standorten ein solches Chaos angerichtet, dass sich der Vater als Forstamtschef vor die Frage gestellt sah, ob die Aufarbeitung des in den Felsen kreuz und quer liegenden Sturm- und Bruchholzes betriebswirtschaftlich überhaupt noch vertretbar war. Zur forstlichen Bewirtschaftung des Zweribachkessels war bereits in der Vorkriegszeit ein ehrgeiziges Erschließungsprojekt geplant und 1949 dann auch in Angriff genommen worden, »im Wege eines seltsamen Geschäfts mit den Franzosen«, wie der Vater 1991 in seinem Rückblick schreibt:[3] Von der Besatzungsmacht waren dem Forstamt hierzu Arbeitskräfte aus dem italienischen Piemont zugewiesen worden. An die erinnern sich auch die Buben von damals noch, an mehrstimmige Gesänge abends in der Waldhütte, in der sie untergebracht waren, an bunt karierte Hemden, an Käsebrocken, bauchige Rotweinflaschen und an die Vogelfallen, die diese ersten Gastarbeiter (nein, es waren beileibe keine Fremdarbeiter mehr) zur Aufbesserung ihres Speiseplans und zum Missfallen des Försters in den Dickungen längs der Fußpfade mit Vogelbeeren beködert, versteckt und fängisch gestellt hatten.

Schon 1947, als der Vater auf in den Kriegsjahren verwachsenen Pfaden und über verfallene Stege erstmals den Zweribach erkundet hatte, war ihm der Gedanke gekommen, den urtümlichen Bergmischwald dauerhaft zu erhalten, anders als es die Nutzungen des forstlichen Betriebsplanes vorsahen. Den alten Wald hatte man da bereits abzuräumen und die Kahlfläche mit Fichten, Lärchen und Douglasien zu überpflanzen begonnen. Schon 1951, im Jahr nach dem Sturmschaden, konnte er den Schwarz-

Sturmverhau im Sommer 1950
(Aufn. F. Hockenjos)

waldverein dafür gewinnen, der Forstverwaltung die Ausweisung von Bannwäldern vorzuschlagen. Nicht anders, als es die Württemberger schon vor dem Ersten Weltkrieg um den Wilden See im Nordschwarzwald und 1921 am Albtrauf bei Balingen vorgemacht hatten. Listigerweise hatte der Vater nicht nur als Naturschützer argumentiert, sondern auch als passionierter Waldbauer. Er erinnerte daran, dass aus der Bewirtschaftung entlassene »Naturwaldzellen« auch Erkenntnisse zu liefern imstande sind für die naturgemäße Behandlung des Wirtschaftswalds: »Wieweit etwa konnte die Dynamik der natürlichen Wuchskräfte genutzt werden, und wieweit bedurfte sie menschlicher Steuerung und Nachhilfe?«

Erstaunlicherweise stimmte die Forstverwaltung dem Vorschlag zu, und schon 1952 wurde beschlossen, im Zweribach, im Napf im St. Wilhelmertal und in den Felshalden des Wehratals die ersten Bannwälder als Totalreservate auszuweisen. Freilich hatte der Präsident des Schwarzwaldvereins dazu in seinem (vom Vater aufgesetzten) Bittschreiben auch alle Register gezogen: Es schließt mit einem persönlich an den Chef der badischen Forstverwaltung gerichteten, bemerkenswert emotionalen Appell: »Ihr Name, sehr verehrter Herr Oberlandforstmeister Dr. Bauer, ist mit einer bisher unerhörten Intensivierung der Forstwirtschaft verbunden, die vielleicht das vertraute, volkstümliche Gesicht der Schwarzwaldlandschaft in wichtigen Zügen verändern wird. In Ihre Hand ist es aber auch gegeben, diesen grundlegenden Veränderungen die großzügige Schaffung eines Banngebietes, die Erhaltung sich selbst überlassener urwüchsiger Waldbestände, an die Seite zu stellen. Dies wäre eine Tat, für die Ihnen der Dank aller Heimatliebenden sicher wäre! Auch der Schwarzwaldverein wäre um so freudiger bereit, Ihre Bedenken und Bestrebungen seinen Mitgliedern und der Öffentlichkeit nahezubringen. (gez.) Callenberg, Präsident«.

Als Beitrag zum ersten Europäischen Naturschutzjahr hatte die nunmehr baden-württembergische Staatsforstverwaltung 1970 auf dem Erlasswege nochmals nachgelegt und ihr Bannwaldprogramm kräftig erweitert, ehe dann 1976 das neue Landeswaldgesetz gemäß § 32 die Rechtsgrundlage für die Ausweisung von »Waldschutzgebieten (Bann- und

Schonwald)« brachte. Dass der Zweribach 1969 auch noch Naturschutzgebiet geworden ist, hat der Vater, inzwischen selbst Präsident des Schwarzwaldvereins, als Rückversicherung gegenüber allfälligen forstwirtschaftlichen Paradigmenwechseln begriffen und begrüßt. Noch hätte man da den Forderungskatalog der *Nationalen Strategie zur biologischen Vielfalt* für pure Utopie, wenn nicht gar für Ideologie gehalten.

Aus den drei Buben, die in den 50er Jahren unter den Wasserfällen ihre Morgentoilette verrichteten, im Zulauf der Mühle Weiherchen aufstauten für die selbstgeschnitzte Flottille, die in den Felsen Klettern übten und Burgen bauten oder die Geißen

Kindheitsparadies Hirschbachmühle, von Grünerlen umrahmt (Aufn. F. Hockenjos, 1950)

des Brunehofs hüteten, waren mittlerweile Heranwachsende geworden, die die zusehends alternde und baufälliger werdende Hütte jetzt immer seltener aufsuchten – schließlich nur noch zu gelegentlichen Silvesterfeiern mit Freunden und Freundinnen. Als der Mittlere von den Dreien beschloss ich nach Schülerheim und Abitur, in Freiburg Forstwissenschaft zu studieren, hatte ich mich doch anstecken lassen von der väterlichen Faszination für Wald und Wildnis. Den Prozess der »Rückverwilderung« des Talkessels, das hatte ich mir vorgenommen, würde ich fortan mit der Kamera weiter verfolgen.

Ein Sturm warf 1984 eine Fichte auf die seit Jahren schon nicht mehr bewohnbare Hirschbachmühle und besiegelte so ihr Schicksal. Ausgedunkelt und verschwunden waren da längst auch die letzten Grünerlen. Vollends überwachsen und längst unbefahrbar liegt oben an der Bannwaldgrenze auch die Trasse des blind endenden »Italienerwegs« da. Doch ausgerechnet hier, auf dem anno 1949 von den Gastarbeitern in beschwerlichster Handarbeit erbauten Forstweg, der den Zweribachkessel einst forstwirtschaftlich hatte erschließen sollen (geplant mit wuchtigen Kunstbauten und Untertunnelung der sperrigsten Felsrippe), lassen sich im Bannwald derzeit die wohl allerletzten Exemplare der Grünerle finden. Auch sie werden alsbald von Buchen, Tannen und Fichten (den Baumarten des »Klimaxwaldes«) überwachsen und verschwunden sein, so wollen es der Prozessschutz und die ungehinderte Sukzession im Totalreservat. Ob die winzigen Nüsschen der Grünerle wohl in der Samenbank des Waldbodens, dem »Langzeitgedächtnis« von Wäldern, noch eine Weile überdauern werden? Wenn schon im Zweribach keine Rutschungen, Muren- und Lawinenabgänge, die unabdingbaren Startvoraussetzungen des Strauchs im Hochgebirge, zu gewärtigen sind, wenn auch die Möglichkeit künftiger Reutberg- und Weidenutzung ausscheidet, so ist es vielleicht doch wieder einmal ein Hochwasser oder der Sturm, die dem Relikt aus fernen Kaltzeiten und grünen Kulturfolger neue Startchancen eröffnen könnten. Andernfalls wäre es um die Grünerle geschehen, nicht anders als um die Nutzpflanzen der Siedler, ihre Nuss-, Pflaumen-, Birnen- oder Kirschbäume, aber auch um die letzten Orchideen auf den einstigen Reut- oder Weidfeldern. Verlust und Bereicherung liegen nah beisammen im Totalreservat.

[1] Urwald von morgen. Bannwaldgebiete der Landesforstverwaltung Baden-Württemberg. Stuttgart, Verlag Eugen Ulmer, 1970.
[2] So erklärt Thomas Ludemann ihr Vorkommen in seiner Dissertation: Im Zweribach. Vom nacheiszeitlichen Urwald zum »Urwald von morgen«. Beih. Veröff. Naturschutz Landschaftspflege Bad. Württ. 63, Karlsruhe 1992, herausgegeben von der LfU; Ludemann beruft sich dabei auf eine Arbeit der Freiburger Geobotanikerin Otti Wilmanns: Verbreitung, Soziologie und Geschichte der Grünerle (Alnus viridis [Chaix] DC.) im Schwarzwald. – Mitt. flor.-soz. Arbeitsgem.; N. F. 22, Göttingen 1970.
[3] Hockenjos, F.: Zur Geschichte des staatlichen Forstamts St. Märgen. Unveröffentl. 1991.

Der Duft von Grünerlen

Stadien des Zerfalls der Hirschbachmühle: 1985 (oben; Aufn. F. Hockenjos) und 1995 (rechts)

folgende Doppelseite: Vom Wald verschlucktes Gemäuer der Hirschbachmühle im Jahr 2014

Sommersturm 1997

Kapitel 3
Sturmereignisse

Zeugnis vom Wüten des Daseinskampfes geben in wuchtiger Sprache die allenthalben umherliegenden frisch gesplitterten Baumstämme, die stehengebliebenen Stümpfe, die modernden Baumleichen, die aus dem Boden gerissenen Wurzelteller von Fichten und Tannen, die mit ihren Gliedern wie mit wild verschlungenen Polypenarmen in die Luft greifen.

Walther Schoenichen:
Urwaldwildnis in deutschen Landen. 1934.[1]

Kandelabertanne – Zeugin des Sommersturms 1950

Für Walther Schoenichen, von 1935 bis 1938 Leiter der Berliner Reichsstelle für Naturschutz und damit »oberster Naturschützer«, ließ sich die noch junge Naturschutzbewegung geradezu perfekt in die Blut- und-Boden-Ideologie der Nazis einpassen. Seine Beschreibung einer Sturmschadensfläche könnte auch auf ein Schlachtfeld gemünzt sein. Das sich ihm hier offenbarende »Wüten des Daseinskampfes«: eine Metapher fürs Heroische! Die Frage stellt sich: Wie mag einer, der im Dritten Reich seine ersten beruflichen und naturschützerischen Sporen verdient und auch die Segnungen des neuen Reichsnaturschutzgesetzes zu schätzen gelernt hatte, jenen Sturm vom 26. August 1950 wahrgenommen haben, der ihm die Idee zur Gründung des ersten badischen Bannwalds eingeblasen hatte? War etwa auch der Vater noch infiziert vom ideologischen Ballast jener verführten Naturschützergeneration, oder nutzte er bloß die Gunst der Stunde, um seine Vision von Wildnis in die Tat umzusetzen?

In seinen Wäldergeschichten[2] schildert er uns das Geschehen dramatisch, doch ohne falschen Zungenschlag: »*Gegen Abend ist die Welt auf einmal finster geworden, man hat es in dem engen Loch nicht kommen sehen. Schwarzes Gewölk wahlte über die Platte herüber, fiel in den Kessel herab und wurde darin herumgejagt. Und schon brach der Himmel ein, kaum dass man das Vieh ab dem Berg ins Haus brachte. Beim Brugger sind sie in der nächtigen Stube gesessen und haben gebetet, das war alles, was man tun konnte. Gesehen hat man nichts, draußen war feuerdurchflammte Finsternis. Auch den Donner hat man nicht gehört vor dem Toben des Sturms und des Wassers. Aber ein schreckliches Splittern und Bersten hörten sie im Hang ob dem Haus. Felsblöcke hörten sie in großen Sprüngen herunterkrachen. Die Wände bebten.*«

Auf welchem Humus im Vater der Entschluss gereift ist, im Zweribach nach schwäbischem Vorbild und mit Hilfe des Schwarzwaldvereins bei der badischen Forstverwaltung ein Totalreservat zu beantragen, haben seine Söhne nie hinterfragt, so sehr wir ihm ansonsten mit Fragen zur Vergangenheit zugesetzt hatten. Von der jugendbewegten Wanderromantik der Vorkriegszeit, so vermutete der Vater selbst in einem seiner Büchlein,[3] sei nach Krieg und Gefangenschaft nicht mehr viel übrig geblieben. Im Jahr 1938 hatte es bei ihm noch anders geklungen: »*Ach, es lebt wohl in jedem von uns heimlich noch ein Stückchen Weidfeld und unberührte Wildnis, die wir uns gern bewahren möchten. Und was sich in uns gegen die Rodung des letzten Fußbreits Ödland sträubt, ist vielleicht das Gefühl, es könnte damit auch der letzte Winkel unserer Seele gerodet und nutzbar gemacht werden.*« Ob am Ende doch etwas mehr von jener spätromantischen Sehnsucht des Jugendbewegten das Dritte Reich überlebt und ihn letztlich zur Verwirklichung seines Traums motiviert hatte?

Vom Sommersturm 1950 entwurzelt

Wie auch immer: Seine waldökologische Begründung war den Buben allemal einleuchtend genug erschienen: Der Sturm hatte dem Vater in die Karten gespielt, indem er auf einen Schlag für reichlich Totholz gesorgt hatte, das nun zwischen den Felsen vollends verrotten und vermodern durfte – fraglos

beste Startvoraussetzungen für einen Bannwald! Wir Sprösslinge erfreuten uns indessen mehr noch der Himbeerwildnis, die sich ein paar Sommer lang auf der Sturmfläche ausgebreitet hatte, ehe sie wiederum abgelöst wurde durch Salweidengesträuch und nachdrängende Pionierbaumarten. Der allabendliche Haferbrei in der Mühle war nach jeder Klettertour durch die Stammverhaue hindurch himbeerrot eingefärbt und die aromatische Einlage geschätzt als höchst willkommene Abwechslung.

Sturmgewölk im Karkessel des Zweribachs

Dass es in dem der Hauptsturmrichtung abgewandten, vermeintlich windgeschützten Karkessel des Zweribachs überhaupt je zu einem Flächenschaden kommen konnte, war offenbar eben dieser Topographie geschuldet: Oben auf der Platte in über 1000 m Meereshöhe konnten Gewitterstürme Anlauf nehmen, um sich dann über die Hangkante hinabzustürzen und bombengleich in den Gegenhang einzuschlagen. Wie anders ist zu erklären, dass sich – Duplizität der Ereignisse – 47 Jahre später, am 17. Juni 1997, am nämlichen Steilhang erneut ein Sturmschaden ereignen sollte? Auch diesmal war

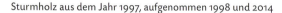

Sturmholz aus dem Jahr 1997, aufgenommen 1998 und 2014

18 Jahre nach dem Sturmereignis hat der Schwarzspecht den Tannenstumpf entdeckt

es ein Fallwind, der freilich etwas tiefer als beim vorigen Mal am Hang einschlug, sodass der steile Weg am Hirschbach entlang hinauf zum einstigen Brunehof und zu den Wasserfällen durch ein Verhau von Sturmholz meterhoch verbarrikadiert war. Mit Mühe nur vermochte die Freiburger Forstliche Versuchs- und Forschungsanstalt, der die Erforschung und Betreuung von Bannwäldern obliegt, das Forstamt davon abhalten, sich gegen die Bannwaldsatzung zu versündigen und die vollholzigen Stämme zu bergen und zu vermarkten. Denn im Gegensatz zum Sturmereignis von anno 1950 lag das wertvolle Holz diesmal nicht kreuz und quer in den Felsschrofen, sondern im Einzugsbereich eines forstmaschinentauglichen Wegs; den immerhin durften die Waldarbeiter aufsägen und für Fußgänger wieder passierbar machen.

Was der Besucher hier seitdem geboten bekommt, ist Anschauungsunterricht im Lernfach *Sukzession*. Präsentiert wird die Wiederbesiedlung der Sturmfläche, vorneweg mit Pioniergehölz, sodann auch wieder mit den Schlussbaumarten Tanne, Buche, Ulme und Bergahorn, soweit sie als Naturverjüngung überlebt hatten und sich nun wieder durch die Holzpolter hindurchzumogeln verstanden. Am originellsten nutzen die Balancierkünstler unter den Bäumen, allen voran die jungen Fichten, das Chaos: Auf den zunehmend moosbesetzten Stämmen haben sie als sogenannte »Kadaververjüngung« als Erste ein ihnen genehmes Keimbett vorgefunden. Von Jahr zu Jahr sacken die Stämme freilich mehr in sich zusammen, was den ihnen aufsitzenden Bäumchen nicht durchweg gut bekommt: manch eines wird abgeworfen, andere werden zeitlebens mit einem bajonettartig gekrümmten Erdstamm bestraft. Wieder andere bilden Stelzenwurzeln, sobald ihnen die vermodernde Unterlage gänzlich abhanden gekommen ist. Nicht

Die bemoosten Stämme werden von Fichten besetzt

oben: Am Ende des Vermoderungsprozesses
links: Stelzenwurzlerin Fichte

nur das Heer der Totholzverwerter und die Baumartenvielfalt profitieren vom Sturm, sondern auch der Formenreichtum der neuen Waldgeneration. Nein, fürs heroische Fach taugen die Sturmereignisse gewiss nicht mehr; dafür lassen sie uns staunen über das Wunder selbstgesteuerter Walderneuerung.

[1] Schoenichen, W.: Urwaldwildnis in deutschen Landen. Neudamm, Verlag J. Neumann, 1934.
[2] Hockenjos, F.: Wäldergeschichten. Freiburg, Schillinger Verlag, 3. erw. Aufl. 1994.
[3] Hockenjos, F.: Wandern ein Leben lang. Lahr, Moritz Schauenburg Verlag, 1977.

Totholz
steckt voller Leben

Reichlich Nahrung für Familie Schwarzspecht

Wählerisch ist der Schwarzspecht nur bei der Auswahl der Bruthöhlenbäume
(Foto: K. Echle)

Nachmieter Baummarder
(Foto: B. Scherer)

Kapitel 4

Von Klöstern und Heidenschlössern: Ein Kapitel Siedlungsgeschichte

Von dem Schwarzwald kann heute noch gesagt werden dass nämlich die Lage in selbem äußerst rau und unangenehm seye. Dieser ganze Landstrich besteht beynah aus lauter Gebirgen, unfruchtbaren Felsen und fürchterlichen Abstürzen, die ihren Bewohnern von allen Seiten her nebst dem traurigsten Aufenthalt, auch mit dem bittersten Mangel drohen.

Alphons Lugo: Statistik der
Kaiserl. Königl. Vorlande. 1797[1]

Ob Alphons Lugo, der »an der hohen Schule zu Freyburg« promovierte Doktor der Rechte und »Professor der politischen Wissenschaften und des Geschäftsstils«, den Schwarzwald da nicht doch ein wenig gar zu düster stilisiert hat? Allemal zutreffend war seine Beschreibung für den Zweribach, den entlegensten und unwirtlichsten Winkel zweier vorderösterreichischer Klöster: Noch heute Gemarkungs-, Gemeinde- und Landkreisgrenze, trennte der Wildbach seit dem frühen Mittelalter auch den Besitz des 915 in Waldkirch gegründeten Benediktinerinnenklosters St. Margareten (das später in ein Chorherrenstift umgewandelt wurde) von jenem des Benediktinerklosters St. Peter (gegründet 1091/93). Ein »Zwerisberg« trennt seit eh und je auch die Gemarkungen von St. Peter und St. Märgen, dem einstigen Augustinerkloster und heillos unterlegenem Konkurrenten (gegründet um 1115).[2] Als »Twerinbach« oder das »Twerenbach gespringe« taucht der Name bereits in den ältesten Urkunden auf, so im *Rotulus San-Petrinus*, einer Grenzbeschreibung aus dem frühen 13. Jahrhundert. »Twer« ist althochdeutsch und bedeutet nichts anderes als »quer«, sodass mit »Zweribach« und »Zwerisberg« wohl die Querlage der Grenze zwischen den Besitztümern der Klöster umschrieben worden ist.

Während sich auf den Höhen längst die von den Klöstern gegründeten Lehenshöfe breitgemacht hatten, wuchs in den Steilhalden des Zweribachs noch echter, vom Menschen kaum beeinflusster Urwald. Allenfalls dürfte zuweilen Vieh auf einem felsigen Saumpfad auf die mehrheitlich vom Waldkircher Kloster St. Margareten und vom Simonswäldertal aus besiedelte *Platte* hinauf getrieben worden sein, in das flachmuldige Quellgebiet des Zweribachs in über 1000 m Höhe: Von einem »Viechersteiglin« ist

Das ehemalige Benediktinerkloster St. Peter

jedenfalls im Jahr 1592 in einer Urkunde zur ersten Landvergabe schon die Rede.

Dass es ausgangs des 16. Jahrhunderts dann auch zur Rodung und Besiedlung des Urwalds in den Steilhängen kam, war dem Holzhunger eines im untersten Simonwäldertal gegründeten Eisenwerks geschuldet, eines Vorläufers des bekannteren, in vorderösterreichischem Besitz befindlichen Kollnauer Hammerwerks, das von Alphons Lugo 1797 als »in Admodiation stehend«, als verpachtet beschrieben wird. Eisenwerke pflegte man nicht notwendigerweise im Nahbereich der Erzgruben anzulegen, sondern bevorzugt in wald- und wasserreichen Tälern, denn offenbar ließ sich das Erz leichter zum Holz und zur Holzkohle transportieren als umgekehrt. Zur Holzlieferung waren auch die Klöster verpflichtet, und so beschloss der sanktpetrische Abt Gallus Vögelin im Jahr 1582, Spezialistenhilfe aus dem Hochgebirge anzufordern, um den in den felsigen Steilhängen des Zweribachs noch stockenden Urwald zu nutzen. Als Anreiz und Gegenleistung für die Schwerstarbeit bot er den Holzknechten Siedlungsmöglichkeit in den kahlgeschlagenen Hängen an. In den Lehensbriefen sind sie namentlich aufgeführt: der »Straiffer« aus dem Tiroler Achental und sein Landsmann »Gschwander« aus Schwaz, ein »Bretlauer« vom Stift Salzburg und ein »Mayer« vom Tegernsee. Wörtlich heißt es in der Vereinbarung, dass sie das Zweribachtal »säubern, raumen, ausstocken, reuten, zu Matten, Ackerfeld und Weiden richten und machen und dasselbige nun fürohin und ewiglich inhaben und zu besserer Wohlfahrt als ein erlangt Erbe und eigen Gut nießen und brauchen sollen und mögen.«

Doch lange scheinen es die Hochgebirgler im Zweribach nicht ausgehalten zu haben. Ihr Spezialistentum war auch andernorts gefragt; mutmaßlich wanderten sie in den Nordschwarzwald weiter, wo bei Hundsbach und Herrenwies Holzhauerkolonien entstanden waren – und wo die Waldortsbezeichnung »Simonswälder Loch« noch an die Zuwanderer erinnern soll. Ein Gschwander, immerhin, verzog ins angenehmere Glottertal; seine Nachfahren sind dem Holzfach treu geblieben und betrieben hier bis

Wo einst der Tiroler Gschwander gesiedelt hat: Gschwanderdobelhäusle

Der Zweribach mit Brugger- und Brunehof, am oberen Bildrand Gschwanderdobelhäusle anno 1949
(Aufn. F. Hockenjos)

in die jüngste Neuzeit ein Sägewerk. Im Zweribach fanden sich freilich genügend Einheimische, zumeist weichende Erben der Lehenshöfe und Taglöhner, arme Schlucker, die der Not gehorchend die Rodungen und die darauf entstandenen Hütten der Hochgebirgler zu übernehmen bereit waren. Die Häuser, die sie an deren Stelle errichteten, wiesen bereits die unverwechselbaren Merkmale des Schwarzwälder Baustils auf, die Bohlen-Ständer-Konstruktion mit dem tief herabgezogenen Vollwalmen.

Es entstanden zuoberst im Tal das Gschwanderdobelgut (auch Klingelehof genannt) und unweit davon das Gschwanderdobelhäusle, in den steilsten Hangpartien die beiden Heidenschlösser, darunter der Brune- und der Bruggerhof, talauswärts schließlich (außerhalb des Bannwald- und Naturschutzgebiets) der Haldenschwarz- und der Haldenhof sowie zuvorderst das Wilmeshäusle. Insgesamt acht Gütlein existierten noch bis zum Ende des 19. Jahrhunderts im Tal – die ihre Eigentümer fraglos mehr schlecht

Schwarzwaldwinter pur: der Bruggerhof 2013

als recht ernährten. Mit Landwirtschaft allein, mit Reutbergwirtschaft und Viehweide, mit dem Schneiteln der Hofbäume ringsum, mit Imkerei und selbst noch mit einem eigenen Stück Hofwald konnten sie sich schon bald nicht mehr über Wasser halten. Spätestens ab der Mitte des wirtschaftsliberalen 19. Jahrhunderts sahen sie sich gezwungen, sich nach einem Nebenerwerb umzusehen. Zumeist war es die Waldarbeit, und Arbeitgeber wurde nach 1806, dem Jahr der Säkularisation, vornehmlich der badische Staat, dem der Klosterwald zugefallen war. Doch bei allem Bemühen um Zuverdienst griff die Verarmung der Häusler um sich, und einer nach dem andern sah bald keinen andern Ausweg mehr, als sein Anwesen an die Großherzoglich Badische Domänendirektion zu veräußern, um zumindest als Pächter noch die Familie ernähren zu können.[3]

Einzig der »Haldenschwarz« hat bis heute erfolgreich der Versuchung widerstanden, aufzugeben und seinen Hof zu veräußern. Eher werde er sich einen Finger abbeißen, als seinen Hof dem Staat zu verkaufen! Wie in den *Wäldergeschichten* des Vaters nachzulesen ist, hat er jahrelang gegen den Staat prozessiert wegen des Notwegs zu dessen Holzhauergütern, der über sein Anwesen führt: »*Den Prozeß hat er verloren, und die Forstei schickt ihm alljährlich zehn Mark für den Notweg. Aber alljährlich lässt er das Geld zurückgehen; es kann ihn niemand dazu zwingen, das Geld anzunehmen, weder die Forstei noch das Gericht. Nun müssen sie in Freiburg das Geld auf ein Konto legen und haben nichts als Schererei damit, und wenn nicht die Währungsreform gewesen wäre, so würde es heute zu einem schönen Batzen angewachsen sein.*« Das Bankgeheimnis lässt offen, ob sich der Haldenschwarz auch heute noch den Zugriff auf sein Konto versagt, oder ob er das Geld mittlerweile nicht vielleicht doch für die Ersatzbeschaffung des Traktors oder für den Einbau der Ferienwohnung gebrauchen konnte.

Wie aus der Wildnis kleinbäuerliche Kulturlandschaft wurde und wie rasch der Wald sich diese zurückgeholt hat und nun wiederum im Begriff ist, zu Wildnis zu werden, zu »Urwald aus zweiter Hand«, das soll an anderer Stelle beschrieben werden. Noch weidet das Jungvieh des Haldenschwarzhofs auf den letzten offenen Weideflächen des vormaligen Brune- und des Bruggerhofs; den letzteren bewohnen jetzt

Am Talausgang der Haldenschwarzhof und das Wilmeshäusle

vorwiegend Feriengäste. Die Rinder, noch immer leichte, kleinwüchsige und anspruchslose Hinterwälder, sind für derlei Verhältnisse einst gezüchtet worden. Sie sind bei den Mietern wohlgelitten, garantiert der Weidebetrieb doch weiterhin den freien Blick ins Tal. Die Schicksale der Gütlein sollen im Folgenden nachgezeichnet werden. Hierbei kann aus dem von Thomas Ludemann erschlossenen Aktenfundus geschöpft werden, wie auch aus den Veröffentlichungen und Aufzeichnungen des Vaters. Schließlich öffnet sich im Zweribach einen Spalt breit auch noch das Zeitfenster des Verfassers, dessen persönliche Erinnerungen mit einfließen sollen.

Bruggerhof

Erbaut 1834, steht auf der Hinweistafel, welche die geschichtsbewussten Pächter am Hofzugang unter der stattlichen Linde angebracht haben. Es muss sich dabei freilich um einen Umbau gehandelt haben, möglicherweise vom ursprünglichen Bautyp des »älteren Heidenhauses« mit bergseitigem Wohnteil zur jüngeren heutigen Form mit bergseitigem Stall, talseitiger Wohnstube und breiter Fensterfront, wie sie dem Lichtbedürfnis der Uhrenmacher und Schnefler entgegen kam. Der Bruggerhof findet sich jedenfalls bereits sehr viel früher in den historischen Klosterkarten eingezeichnet, und von einer Zerstörung des alten Hauses etwa durch Brand ist nichts bekannt. Gemeinsam mit dem Brunehof betrieb der Brugger die aus dem Jahr 1786 stammende *Hirschbachmühle,* die ihrerseits bereits eine Vorgängerin hatte, deren von Altholz überwachsene Grundmauern einen Steinwurf weiter bachaufwärts noch auffindbar sind.

Einen sehr präzisen Einblick in den baulichen Zustand des Hauses um die vorletzte Jahrhundertwende sowie in die Nutzungsmöglichkeiten jener Zeit gewinnen wir aus den Akten über die Wertberechnung im Zuge seiner Veräußerung an den Staat im Jahr 1900: Auf den Quadratmeter genau erfahren wir die Gesamtfläche des Hofs inklusive Hofraite und Hausgarten. Darin enthalten sind: 2,2450 ha Wiese (minutiös aufgeführt werden 13 junge und 29 ältere Apfel-, 14 junge und 5 ältere Birnbäume, 3 Nuss-, 3 Kirsch- und 10 Pflaumenbäume sowie an Steinmauern und längs des Hirschbachs »einige kurze, wertlose Ahorne, Eschen und Linden«), sodann 3,1830 ha »Reutfeld a« und 1,6370 ha »Reutfeld b«, schließlich 9,1320 ha Wald, dazu noch etwas Weg- und Bachfläche, zusammen 16,4250 ha.

»Das Wohnhaus«, erfahren wir, ist zweistöckig, »von Holz mit Block- und Bohlwänden erbaut, mit Schindeln und Stroh gedeckt; Scheuer und Stall befinden sich unter demselben Dache. Es befindet sich [...] in verhältnismäßig ziemlich gutem baulichen Zustand. Südlich ganz in der Nähe des Hauses befindet sich die Wasch- und Backküche mit Waschkessel und Backofen, gut erhalten«.

Auch der Holzvorrat des zum Hof gehörenden Waldes wird hier bis auf zwei Stellen hinter dem Komma aufgeführt, Laub- und Nadelholz getrennt. Schließlich wird auch die Belastung des Gutes mit dem Leibgedingrecht der 70 Jahre alten Mutter des Verkäufers erwähnt, »dessen Wert in der angeschlossenen Abschrift des Gutübertragungsvertrages vom

Der schindelgedeckte Bruggerhof anno 1970
(Aufn. F. Hockenjos) ...

... und sein Schieferdach 2015 – vom Schnee übertüncht

21. April 1883 zu jährlich 150 M angenommen ist. Nach Tafel VII der Wertberechnungsinstruktion vom 24. Juli 1846 beträgt die wahrscheinliche künftige Lebensdauer der Karoline Brugger rund 9 Jahre.« Der Kapitalwert des Leibgedings wurde auf 1141,30 M berechnet, der Gesamtwert des Hofes auf

gerade mal 14 731,91 Mark. Der mitgelieferte *Plan zur künftigen Bewirtschaftung* sah die Verpachtung des Bruggerhofs ohne den Hofwald vor, denn der sollte dem Staatswald einverleibt und vom Forstpersonal bewirtschaftet werden. Desgleichen das »Reutfeld b«, das aufgeforstet werden sollte; wie auch das »Reutfeld a« für den Fall, dass sich hierfür kein Pächter finden lassen sollte.

Der erste Pächter (und vormalige Eigentümer) des Bruggerhofs war im Ersten Weltkrieg gefallen, sodass nun die Witwe zusammen mit der alten Mutter die 7,3 ha umfassende Nebenerwerbslandwirtschaft allein umtreiben musste. Schon 1916 hatte das Forstamt berichtet, dass das ganz von Wald umgebene Weidfeld wegen des starken Fichtenanflugs nicht mehr beweidet werden könne. Auch das Reutfeld war nicht mehr offenzuhalten. 1939 stand der Bruggerhof ein Jahr lang leer, ehe sich mit dem Holzhauer Franz Haberstroh ein neuer Pächter fand. Die landwirtschaftliche Nutzfläche war zu dieser Zeit bereits auf 3,9 ha geschrumpft. Nach vielen vergeblichen Eingaben und Beschwerden wurde das Gebäude 1959 saniert. Dennoch kündigte der zum Haumeister aufgestiegene Haberstroh 1963 den kurz zuvor nochmals

Aufn. E. U. Köpf

Einer, der 1949 zusammen mit Eltern und Geschwistern ebenfalls die Ferien in der Hirschbachmühle zugebracht hat, ist der Forstwissenschaftler Ernst Ulrich Köpf, zuletzt Professor für Forstpolitik an der traditionsreichen Forstlichen Hochschule Tharandt in Sachsen, jetzt dort im Ruhestand lebend. Die Väter hatten sich in französischer Kriegsgefangenschaft kennen und schätzen gelernt, und so war die im Schwäbischen beheimatete Lehrerfamilie in den Südschwarzwald eingeladen worden. Der Aufenthalt in der Mühle und im Kessel des Zweribachs sollte für den jungen Ernst Ulrich zu einem denkwürdigen Erlebnis werden, das, wie er selbst glaubt, nicht ohne Auswirkung auf seine spätere berufliche Orientierung geblieben ist.

Seine mir brieflich mitgeteilten Erinnerungen ranken sich dennoch nicht ausschließlich um den urwüchsigen Wald, um die Wasserfälle und Gumpen des Hirsch- und des Zweribachs, sondern mehr noch um das kärgliche und mühevolle Dasein der Bewohner des benachbarten Bruggerhofs. Der Familie des Haumeisters Haberstroh gegenüber wollten die Hüttengäste sich deshalb auch ein bisschen erkenntlich zeigen, indem sie etwa bei der Ernte des steilen Kornfelds mithalfen. Was dem Professor nach 65 Jahren ansonsten noch vom einfachen Leben in der Einöde im Gedächtnis geblieben ist, liest sich so:

»Der größte Teil der Landwirtschaftsfläche wurde von Rindvieh beweidet, es waren drei oder fünf Stück, mehr nicht, wahrscheinlich Kühe und Jungvieh. Eine Umzäunung aus Holz und Steinen hielt die Tiere zusammen und beim Haus. Manchmal brach das Vieh in den Wald aus, und wir freuten uns, wenn wir helfen konnten, es – bewaffnet mit Stöcken – wieder zurück zu treiben. Herr Haberstroh schlug Äste von den Eschen am Rand der Blöße ab, weil angeblich ihr Laub die Milch fetter macht. Zum Haus gehörten Kinder. Das jüngere Mädchen nannte seinen Namen: ›Johanna Laurentia Haberstroh‹, vulgo Hannelore. Vor dem Haus stand oft ein Kinderwagen mit einem Baby. Darüber war eine Gaze gebreitet, die schwarz war von Hunderten von Fliegen, die darauf saßen. Die hygienischen Verhältnisse waren ziemlich miserabel. Die Küche hatte noch einen Rauchfang, der von Glanzruß bedeckt war. Im Haus roch es säuerlich [...].

Die Milch holten wir täglich unterhalb von einem größeren Hof, ich glaube, es war der ›Haldenhof‹[4]. Dort war unterm verlängerten Hausdach der laufende Brunnen, in dem die Milch kühl gehalten wurde. Dieser Hof war von alten Bäumen umstanden und nicht nur größer und wohlhabender als die Staats-Gehöfte bei der Hirschbachmühle.«

um 9 Jahre verlängerten Pachtvertrag. Kapituliert hatte er letztlich vor der winterlichen Abgeschiedenheit, insbesondere wegen des mühsamen Schulwegs für den noch schulpflichtigen Sohn.

Noch immer auf Nebenerwerb angewiesen waren die letzten Dauerbewohner des Bruggerhofs: Ernst Kern, der Pächter, arbeitete zwar im Sägewerk in Wildgutach wie auch als dessen Langholzfahrer, behielt aber die Landwirtschaft bei, während seine Frau eine kleine Ferienwohnung vermietete und vor dem Haus Flaschenbier verkaufte. Im Jahr 1972 zog die Familie aus. Seitdem parken zur Urlaubszeit Autos mit auswärtigen Kennzeichen am Haus. Und in der Zeitungsröhre unten am Hirschwinkelweg, an der abgeschrankten Hofzufahrt, steckt bisweilen nicht die Badische Zeitung, sondern der Kölner Stadt-Anzeiger. Die Pflege der Geranien an den Fensterfronten kommt auch unter den urbanen Mietern nicht zu kurz, hilft sie doch gegen die Stubenfliegenplage. Das verbliebene Grünland, vom Haldenschwarzhof als Extensivweide genutzt, umfasst derzeit eben noch 2,4 ha.

Uns Buben, die wir in den 1950er Jahren mit dem Vater in der zur Hütte umgebauten Hirschbachmühle die Sommerferien verbrachten, ist die ausgemergelte Gestalt des Haumeisters Haberstroh in lebhafter Erinnerung geblieben. Wir verstanden uns gut mit ihm, wiewohl er seinerzeit mit der Nachbarschaft so zerstritten war, dass der Vater in seiner Eigenschaft als Forstamtschef wiederholt schlichten musste. Vom Bruggerhof bezogen die Mühlenbewohner nicht nur Butter, Milch und selbstgebackenes Brot, sondern auch den frisch geschleuderten, herben Waldhonig, zumeist noch durchsetzt mit Wabenstückchen. Wir Buben hatten den hagebüchenen Haumeister bewundert, weil er meisterhaft schreinern konnte. Nicht nur das Hüttenmobiliar hatte er gezimmert, den Tisch, auf dessen Platte der Vater für allfällige Regentage das Feld des Mühlespiels (des »Neuntelsteins« in dessen altmodischer Diktion) eingraviert hatte, die Bänke und das Stockbett. Auch die Schindeln für das Hüttendach hatte Haberstroh gespalten und sodann sorgfältig wie ein gelernter Dachdecker angenagelt. Zudem beherrschte er das Wagnerhandwerk gut genug, um in Eigenbauweise aus Eschenholz Ski und Schlitten herzustellen.

Brunehof

Auf der Verebnung des eiszeitlichen »Dumpfs«, des von der nacheiszeitlichen Erosion teilweise wieder abgetragenen Gletscherkars, lag der »Bruu« (in den Karten teilweise fälschlich »Brunnenhof« genannt), der mit einer Gesamtfläche von rund 15 ha trotz Mahlmühle, Backhäuschen und Kapelle noch ärmlicher mit bewirtschaftbarem Gelände ausgestattet und noch ungünstiger umzutreiben war als der talseits angrenzende Bruggerhof, wie es die Wertberechnung von 1898/99 belegt. Äußerlich und in der Bauweise unterschied sich das Haus nur wenig von jenem des Nachbarn, wenngleich der talseitige Walm irgendwann zugunsten eines verbesserten Lichtzutritts abgetragen worden ist. Doch »die Gebäulichkeiten sind«, so steht es in den Akten, »mit Ausnahme der Mahlmühle in ziemlich schlechtem Zustand«, sodass der Abbruchwert berechnet werden musste. Auch der *Plan zur künftigen Bewirtschaftung* trägt diesem Umstand Rechnung: »Das Wohnhaus mit Zubehör wird, solange keine größeren Herstellungen erforderlich werden, mit Wiesen und Reutfeld an einen geeigneten Pächter in Pacht gegeben; später soll dasselbe abgebrochen, das Reutfeld und die geringeren Wiesen c und d aufgeforstet, die gute Wiese e als solche beibehalten werden.«

Die »gute Wiese e« ist von Bewässerungsgräben durchzogen, die Wiesen c und d werden als nur mittelmäßig und ohne Bewässerung beschrieben; immerhin stehen darauf noch »9 Apfel-, 4 Kirsch-, 2 Nußbäume, 1 Birnbaum, 11 jüngere Obstbäume sowie etliche kurze wertlose Eschen, Linden, Ahorne, Buchen, Fichten an steinigen Stellen und am Bachrand.« Zur Selbstversorgung trugen außerdem bei: auf der Hofraite sowie beim Hausgarten »6 ältere Apfelbäume, je 1 Nuß-, Birn-, Kirschbaum, 31 Pflaumen- sowie 3 junge Apfelbäume.« Oberhalb der Wiesen schließt sich jeweils das Reutfeld an, von dem es heißt, es sei »ortweise mit Gesteinstrümmern bedeckt, zudem mit kurzen, meist wertlosen Fichten, Buchen, Linden, etlichen Kirschbäumen, Eschen, Ahornen bewachsen.«

Auch der Brunehof wurde an seinen bisherigen Eigentümer, den Holzhauer Weibert Wehrle, verpachtet. Ein Foto aus dem Jahr 1912 zeigt ihn zu-

Der Brunehof 1950 (Aufn. F. Hockenjos)

sammen mit einer Wandergruppe vor dem Haus gemeinsam mit Ehefrau Creszentia, Mutter Genoveva, Schwester Katharina, Tochter Frieda und Sohn Josef, allesamt zurechtgemacht für den Fotografen. Erkennbar ist auch ein Plakat, das auf den »Verkauf von Milch, Limonade und Ansichtskarten« aufmerksam macht. Wehrles letzter mit dem Staat abgeschlossener Pachtvertrag lief bis zu seinem Todesjahr 1937. Zwei Jahre zuvor hatte er sich schriftlich noch an das Forstamt in St. Märgen gewandt und dieses um die Erlaubnis zur Unterverpachtung gebeten; es scheint so, als habe ihm dabei ein schrift- und wortgewandter Helfer die Feder geführt: »Ich bin seit rund 30 Jahren Pächter des Brunegutes und zugleich Holzhauer im Staatswald St. Märgen, letzteres bis 1931 seit meinem damaligen Unfall bei der Holzhauerei. Das Brunegut ist mein väterliches Erbe gewesen, auf dem ich aufgewachsen bin; als die Landwirtschaft zu unrentabel geworden war und mich und meine Familie nicht mehr allein ernähren konnte, habe ich das Brunegut verkauft und bin Holzhauer geworden [...]. Ich bin jetzt mit meinen 73 Jahren nicht mehr imstande, das Pachtgut so umzutreiben, wie es sein sollte. Andererseits möchte ich bis zu meinem Lebensende auf dem früheren Eigentum wohnen bleiben. Ich bitte daher, mir die Genehmigung zur Unterverpachtung des Gutes an Albert Trenkle von Gütenbach, der ebenfalls Holzhauer im Staatswald St. Märgen ist.«

Die Verhandlungen über die Unter-, sodann über die Weiterverpachtung zogen sich in die Länge, denn der bauliche Zustand des Hauses hatte sich weiter verschlechtert. Immerhin hatte man 1934 Stromanschluss erhalten, und 1936 war endlich auch der Einbau einer Güllegrube vom Bauamt genehmigt worden. Bei diesem beschwerte sich der neue Pächter, der Waldarbeiter Albert Trenkle, in einem geharnischten Schreiben vom 15. Oktober 1938 über »nicht mehr tragbare Zustände«:

»Seit drei Jahren wohne ich auf dem Brunehof. Und jedes Jahr bin ich nun gezwungen gewesen, auf der Tenne von Hand meine Frucht zu treschen und mein Holz zu sägen. Auf einer Tenne, das dürfte auch Ihnen bekannt sein, herrscht bekanntlich auch bei hellstem Tag fast vollkommene Finsternis. Lichtleitung liegt keine. Will ich zur Arbeit etwas sehen muß ich Tor und Laden öffnen, wodurch jedes Mal ein eiskalter Durchzug entsteht. Durch die anstrengende Arbeit stundenlang erhitzt, ja oftmal in Schweiß gebadet, setze ich mich damit den größten gesundheitlichen Schädigungen aus. Ich bekam auch prompt, ganz besonders aber im vorigen Jahre, Gelenkrheumatismus, mit wochenlangem Krankenlager. Um nun sämtl. gesundheitl. Schädigungen aus dem Wege zu gehen, habe ich vor, einen Elektromotor zu kaufen, wenn das Bauamt mir eine Kraftstrom- und Lichtleitung auf die Tenne legen würde. Ich habe nicht vor auf dem Brunehof meine Gesundheit zu ruinieren u. werde nur unter dieser Bedingung auf dem Hof bleiben. Gleichzeitig mache ich auf die Stallverhältnisse aufmerksam. Der Stallboden ist bekanntlich hohl und die Bergwasser rinnen unter dem Holzrost durch. Krankes Vieh ist somit an der Tagesordnung. Was auch mein Vorgänger schon zu beklagen hatte, war er doch mehr als einmal zur Notschlachtung gezwungen. Möchte sie nun bitten diese unwürdigen Zustände auf dem Brunehof abzustellen.
Heil Hitler!   Albert Trenkle Wildgutach«

Eine Wandergruppe stellt sich 1912 am Brunehof dem Fotografen, für den sich auch die Hofbewohner herausgeputzt haben (Aufn. E. Wehrle)

Der neue Pachtvertrag wurde dennoch erst 1940 abgeschlossen. Vier Jahre später gab Trenkle auf und zog weg. Es dauerte bis 1946, bis mit dem Waldarbeiter Alfred Schuler ein neuer Pächter gefunden werden konnte, der vertraglich verpflichtet wurde, zumindest zwei Stück Vieh zu halten. Über seine frisch gemähte Wiese trabten barfüßig anno 1950 die drei Buben, Fritz, Wolf und Klaus, im Bild (siehe S. 110) festgehalten von Vater Fritz. Sein Ältester, der schon früh eine Vorliebe für die Landwirtschaft entwickelt hatte, pflegte in jenen Sommerferien die Geißen des Brunehofs zu hüten.

Im Jahr 1954 hat auch Schuler das Handtuch geworfen. Ab 1957 wurde der Hof nur noch als Ferien- und Wochenendhaus genutzt, vorwiegend von Jugendgruppen aus Norddeutschland, was im Jahr 1972 unter den Einheimischen zu einiger Aufregung geführt hat: Der Brunehof wurde einer polizeilichen Razzia unterzogen, denn es hatte sich das – nicht ganz und gar abwegige – Gerücht verbreitet, das Haus diene der *Roten Armee Fraktion (RAF)* als Unterschlupf, wenn nicht gar als Basislager. Der Polizeieinsatz verlief indes im Sand. Wie denn auch ungeklärt geblieben ist, wer am 3. März 1984 ein Interesse daran gehabt haben könnte, den Hof abzufackeln. Sollten womöglich Spuren beseitigt werden? Am Brandtag lag der Zweribach noch unter einer Schneedecke, sodass der Vater, mittlerweile Pensionär am einstigen Dienstort, per Ski durch die Gutacherhalde auf den Hohwartfelsen stapfte, um sich die Bescherung von oben herab anzuschauen. Er tat dies so ausgiebig, dass die Mutter in Sorge geriet und ihre jüngste Tochter, ebenfalls per Ski, losschickte, um nach dem Vater zu sehen. Beide sind wohlbehalten wieder in St. Märgen eingetroffen.

Vom Brunehof selbst ist nur die steinerne Hocheinfahrt übriggeblieben. An der Hofstelle hat das Forstamt eine Schutzhütte, Feuerstelle, Tisch und Sitzbänke für Wanderer erstellt. Das Quellwasser des Laufbrunnens, der einst das Milchhaus kühlte, stößt aus defekten Holzdeicheln ungenutzt aus dem Boden, so gerne sich der Besucher daran laben würde. Brennnesseln zeugen noch von der Güllegrube. Erhalten geblieben ist immerhin die winzige hölzerne Kapelle am Zugangsweg unter der Hoflinde. Wie es scheint, lädt sie bisweilen zu ökumenischer Andacht ein, wovon neben überkommenem christlichem Inventar buddhistische Gebetsfahnen und ein nepalesischer Glücksschal zeugen. Wo des Haldenschwarzbauern Jungvieh noch weidet, stehen ein paar letzte, längst nicht mehr geschnittene Obstbäume sowie ein Holunderstämmchen und am Wegrain ein Johannisbeerstrauch. Ob *Platanthera bifolia*, die zweiblättrige Waldhyazinthe, die vereinzelt auf dem verbliebenen Weidfeldrest des Brunehofs blüht, eher als Nutznie-

Nur die kleine Hofkapelle hat 1984 den Brand überlebt. Buddhistische Gebetsfahnen lassen auf ökumenische Nutzung schließen

Von Klöstern und Heidenschlössern 49

Gemäuerreste des ehemaligen Backhauses

ßer der landwirtschaftlichen Nutzung und als deren Nachhut einzuordnen ist denn als Vorhut der Wiederbewaldung, darüber mögen sich die Orchideenspezialisten den Kopf zerbrechen.

Die Heidenschlösser

Den Klöstern St. Peter und St. Margareten wird eine überaus siedlungs- und bauernfreundliche Politik nachgesagt: *Ora et labora* – BenediktinerInnen pflegten ein pragmatisches Verhältnis zur Landnutzung ihrer Untertanen. So nimmt es nicht wunder, dass sich der Abt von St. Peter nicht nur für das Wohlergehen der großen Lehenshöfe, sondern auch für die auf den Kahlschlägen entstandenen Taglöhnergütlein eingesetzt hat – oft genug zum Missfallen der vorderösterreichischen Beamten, denen sie ein Dorn im Auge waren, mussten sie doch um ihre Holzres-

sourcen für das Eisenwerk fürchten. Wie Schwalbennester hingen das Untere und das Obere Heidenschloss in der felsdurchsetzten Karwand des Zweribachs. Über sie wie auch über die Schicksale ihrer Bewohner hat Vater Fritz Hockenjos in den Nachkriegsjahren fleißig recherchiert, sowohl im Kirchenbuch wie auch in den Forstamts- und Klosterakten, vor allem aber durch Befragen der einheimischen Zeitzeugen, deren Originalton er in seinen *Wäldergeschichten* nachklingen lässt:

»Schon der erste, der das untere Haus baute vor zweihundertfünfzig Jahren, hat vom Abt vermahnt werden müssen, er solle mit den Nachbarn in aufrichtiger Friedsamkeit leben, sie nicht kränken noch mit dem Vieh über ihr Feld fahren. Danach sind immer wieder einmal die Buben unter die Soldaten gegangen, hat ein lediges Weibervolk Kinder hier aufgezogen. Bald ist einer nach Italien, bald eine nach Ungarn ausgewandert, und man hat nie mehr von ihnen gehört. Die daheim blieben, haben als Schindel-, Holzschuh- oder Uhrengestellmacher ihr Leben gefristet. Wie die Leute lebten, kann man sich heute schier nimmer vorstellen. Vom Schloßpeter heißt es im Kirchenbuch, er sei Bettelmann von Beruf gewesen; immerhin hat er es zu acht Kindern und etlichem Vieh gebracht, denn im Jahre 1872 ist er mit einem Stücklein nach Gütenbach gegangen, um es zu verkaufen. Und als er am Abend mit vierzig Gulden im Sack durch das Deich, einen abseitigen Dobel, heimzu ging, wurde er erschlagen und ausgeraubt, nicht anders als ein Reicher. Man fand ihn erst einige Zeit danach im Bach, der Mörder hatte ihn in einen tiefen Gumpen geworfen und Steine auf ihn gebeigt.

Vom unteren Heidenschloß sieht man heute nur noch das Gemäuer im Wald, aber es sind Leute da, denen denkt es noch wohl, wie aller Buchwald bis hinüber in den Roßdobel Weidfeld war und etwa ein Reutäckerlein dazwischen, und sie kannten noch den letzten Bewohner, den Schloßtheodor. Er ist Dachdecker und Schindelmacher gewesen, und der Beruf bringt es wohl so

Das Untere Heidenschloss wurde schon im Ersten Weltkrieg von seinen Bewohnern verlassen und abgerissen

Von Klöstern und Heidenschlössern

Das Obere Heidenschloss 1950 (Aufn. F. Hockenjos)

mit sich, dass derlei Leute gern lustige Vögel sind. Viel geschafft hat er nicht, der Theodor, aber Musik hat er gemacht wie kein anderer. Mit den Spielleuten ist es ganz ausgegangen, aber damals sind noch ein paar in der Gegend gewesen, so der Klingele im Gschwanderdobel und der Plattenbartli. Auf keinem Hosdig haben die drei gefehlt, sie waren berühmt mit ihrer Tanzmusik und mit ihren lustigen Sprüchen bis weit ins Schwäbische hinüber. Und schlecht gelebt haben sie nicht dabei, vielmehr gegessen und getrunken grad genug. Daheim hat die Frau derweil mit den Kindern das Gütlein umgetrieben.

Aber eines Tages, als sie von einem Hosdig heimgingen, geschah es, daß dem Schloßtheodor der Teufel erschien. Und von dem Tag an hat er die Trompete nicht mehr angerührt. Doch wenn der Wind vom Feldberg her kam, hörte er dem Klingele seine Klarinette aus dem Gschwanderdobel hervordudeln, und wenn es vom Kandel her windete, hörte er des Plattenbartli Baß herüberhürnen. Wer weiß, ob er sonst auf den Gedanken gekommen wäre, das Haus abzureißen und in der Glashütte wieder aufzubauen. Das Gütlein ist hernach an die Forstei gekommen, und so ist es gegangen, dass auf dem unteren Heidenschloß heutigentags der Wald wächst und das obere Heidenschloß jetzt allein an der Halde steht.

Dort hat vor dem ersten Krieg der Peterli gehaust. Auch er ist ein Spielmann gewesen, und es sind noch Noten von ihm da, die er selbst geschrieben hat. Er hat es aber auch bald aufgesteckt, denn er ist ein wenig eigen geworden. Drei Stück Vieh hat er gehabt, doch ließ er es nicht zu, dass man sie zum Muni führte. Kurz vor dem ersten Weltkrieg ist er gestorben, und nachdem seine beiden Buben gefallen waren, war der Frau der Ort verleidet; sie verkaufte es für ein paar Mark an die Plattenwirtin und zog ins Tal, kein Mensch weiß wohin.«

Erwähnung finden die beiden Heidenschlösser auch im Tagebuch[5] von Ignaz Speckle, dem letzten Abt des Klosters St. Peter (von 1795 bis 1806); so hat er am 28. Juli 1802, seinem Namenstag, eingetragen: »Teils um den Franzosen, welche ihre Unbescheidenheit immer weiter treiben, auf ein paar Tage auszuweichen und auf den Ignatiustag abwesend zu sein, teils um wenigstens einmal unsere Vogtei Wildgutach zu sehen, fasste ich den Entschluss, über den Hochwald durch Wildgutach nach Gütenbach zu reiten […]. Ich ritt wieder zurück bis an die Hirschmatte und ging dann zu Fuß hinab in den Zweribach, der in der Tiefe die Grenze zwischen uns und Simonswald und dem Stifte Waldkirch ausmacht. Die Gegend, so wild sie ist, war mir angenehm. Der Zweribach befruchtet die den Felsen entrissenen Stücklein Mattfeld; zween kleine Bauern bewohnen diesen Abgrund, der übrigens ziemlich sonnig ist. Es wachsen besonders viele Kirschen da. Die guten Leute waren erstaunt, zeigten aber doch alle Freude, Ehrerbietung und Dienstwilligkeit. Sie beeilten sich, mir frische Kirschen zu bringen und gaben mir ein Körbchen davon mit.«

Ignaz Speckle, den wir uns als einen ebenso belesenen wie rüstigen Theologen und Gelehrten vorzustellen haben, war in jenem Sommer 1802 nicht zum ersten Mal im Zweribach. Offenbar war er fasziniert von der Wildheit der Landschaft und insbesondere vom Wasserfall. Schon unterm 29. August 1798 hatte er in seinem Tagebuch festgehalten: »Nachmittags ritt ich mit unserem Gast zum Heidenschloß, um dort den Wasserfall, der schön und sehenswert ist, zu besehen. Der Weg ist äußerst mühsam, aber das Schauspiel lohnt die Mühe.«

In den Akten des Forstamts liest sich der Fortgang der Geschichte der Heidenschlösser um einiges prosaischer. Aus ihnen geht hervor, dass im Jahr 1918 die Plattenwirtin Josepha Saum, geb. Ketterer, beide Anwesen für zusammen 4500 Mark erstanden hat mit dem Ziel, hernach mit dem Staat zu tauschen. Das untere war da wegen Baufälligkeit bereits abgerissen worden. Nachdem es zuvor jahrelang leer gestanden und unter Einbrüchen gelitten hatte, verkaufte sie das Obere Heidenschloss 1924 für 1000 Goldmark an den *Akademischen Wanderverein »Sieben Burgen« e. V. Freiburg*, während seine Nutzfläche, Reut- und Weidfeld, Ödung und Felsen von insgesamt 4,5376 ha im Jahr 1928 über einen Zwischenbesitzer vom Staat erworben werden konnte. Doch um 1934 wurde auch der Verein der akademischen Wanderfreunde aufgelöst und gleichgeschaltet, sodass das Haus in den Folgejahren noch mehrmals den Besitzer wechselte. 1940 erwarb es Eberhard Franck, ein Naturwissenschaftler, der es mit seiner Familie bewohnte, bis es am 13. Oktober 1959 abbrannte. Über das Schicksal seiner letzten Bewohner soll im nächstfolgenden Kapitel berichtet werden.

Das Gemäuer auch des Oberen Heidenschlosses hat sich inzwischen längst der Wald zurückgeholt. Auf den Grundmauern des Unteren Schlosses, auf dem einst der Schlosstheodor, der Dachdecker und Schindelmacher, »residiert« und musiziert hatte, wächst unterdessen ein stattlicher Bergahorn; sein Stamm, stünde er nicht in der Wildnis, sondern im Wirtschaftswald, würde bereits die Ernterreife erreicht haben. Auch eine junge Ulme und eine Buche haben sich auf dem Gemäuer angesiedelt. Obendrein hat Schneedruck unlängst dafür gesorgt, dass ein Buchen- und ein Fichtenstamm quer über die Grundmauern geworfen wurden. Auf der Ruine des Oberen Schlosses, auf den Rabatten und Terrassen, auf denen Eberhard Franck, der letzte Bewohner, vor einem halben Jahrhundert noch Tomaten und Kartoffeln, Lauch und Zwiebeln, ja sogar Melonen angebaut hatte, sind die nach dem Brand zuerst sich ansiedelnden Salweiden und Haselsträucher bereits wieder am Zusammenbrechen, um Platz zu machen für Eschen und Ebereschen, Fichten, Buchen und Bergahorn. Eine verrostete Herdplatte findet sich noch in der Krautschicht aus Silberblatt, Brombeere und Brennnessel.

Gschwanderdobelhäusle

Als sei die Zeit stehen geblieben, versteckt sich jenseits des Schlosswalds und der Rossdobelrippe hinter Eschen und Fichten das noch immer schindel- und strohgedeckte Gschwanderdobelhäusle (auch »Heffter-Hütte«), zweifellos das älteste Bauwerk im Zweribach, das zum benachbarten Gschwanderdobelgut gehört hat. Im Höfegebiet des Schwarzwalds eine eher ungewöhnliche Nachbarschaft von Hof und

Das Gschwanderdobelhäusle anno 1953 – noch vor Aufforstung der Martinswand darüber (Aufn. F. Hockenjos)

Gschwanderdobelhof, jetzt Familienferienheim

Häusle, wurden die letzteren doch in aller Regel oben am Berg und nicht in unmittelbarer Nähe des Hofs errichtet. Einiges spricht dafür, dass der Bauplatz des Gschwanderdobelhäusles womöglich bereits ausgangs des 16. Jahrhunderts von eben jenem Gschwander ausgewählt worden war, dem der Abt von St. Peter anno 1594 den Lehensbrief ausgestellt hatte und dessen Nachfahren noch heute im Glottertal leben. Alpenländische Baumerkmale sind zwar nicht mehr zu erkennen, doch offenbar wurde beim Bau stark dimensioniertes Gebälk eines Vorgängergebäudes verwendet – ein im Schwarzwald nicht unübliches Recyclingverfahren.

Die heutigen Pächter sind die Nachkommen des Mathematikprofessors und Rektors der Freiburger Universität Lothar Heffter (1862–1962), eines leidenschaftlichen Jägers, der das urtümliche Häusle entdeckt und sogleich so sehr ins Herz geschlossen hatte, dass er mit dem Gschwanderdobelbauern rasch handelseinig wurde. Und als der 1951 seinen Hof samt Häusle an den Staat verkaufte, gelang es dem betagten Emeritus, auch noch mit diesem einen unbefristeten Pachtvertrag auszuhandeln. Wie er in seinem Lebensrückblick schreibt, hatte er 1912 vom Forstmeister in St. Märgen zwei aneinander grenzende Jagdbezirke, einen Teil der Gemeindejagd St. Peter und einen Teil der Domänenjagd, übernommen; die letztere reichte bis in den Zweribach hinab: »Gekrönt wurde aber diese Jagderwerbung durch die Pachtung unserer geliebten Hütte im Gschwanderdobel. Der Bauer Braun hatte 200 m von seinem Hof ein zweites, vielleicht 300 Jahre altes, ziemlich zerfallenes Häuschen, in Matten und Weideland zwischen Wald gelegen, mit Blick ins Simonswälder Tal. Er erklärte, wenn jemand das Haus auf eigene Kosten bewohnbar machen ließe, könne er für ein paar Jahre umsonst darin wohnen. Ich erkannte sofort, dass das nicht nur ein Absteigequartier für den Jäger, sondern wirklich ein Ferienheim für die ganze, damals sechsköpfige Familie werden würde. Für 240 Mark wurde das erreicht.«[6]

Der Wohnkomfort im Häusle ist bis zum heutigen Tag kaum standesgemäßer geworden: Noch immer fehlt der Stromanschluss, und die Toilette befindet sich wie eh und je im Häuschen nebenan. Selbst die Rauchkuchi ist unverändert geblieben, für den Professor Anlass, in seinem Lebensrückblick eine heitere Episode aus dem Jahr 1946 einzuflechten: »Da es bei Ostwind in der Hüttenküche stark rauchte, hatte ich meiner Frau vor Jahren schon eine Gasmaske angeschafft. Als nun eines Tages draußen ein Wanderer mich nach dem Weg fragte, erschien meine Frau mit aufgesetzter Gasmaske in der Haustür, und ich erklärte dem erstaunten Mann, die arme Frau sei so hässlich, dass sie sich vor Fremden nur mit der Maske zeige. Mit bedauernder Miene zog er ab, während meine Frau unter ihrer Maske vor lachen platzen wollte.«

Des Professors Nachkommen zeigen sich nicht mehr mit Maske unter der Tür. Liebevoll setzen sie alles daran, das in Ständer-Bohlen-Bauweise erstellte denkmalgeschützte Juwel aus Tannenholz im Urzustand zu erhalten. Der Berg schiebt zwar mächtig, und so stehen auch manche der Ständer nicht mehr lotrecht im Rahmen. Einige Tannenbalken mussten daher ausgetauscht, Schindeln und Stroh auf dem Dach immer wieder einmal erneuert werden. Haus und Hausmatte befinden sich außerhalb der Bannwaldgrenze, dennoch ist es nicht mehr weit her mit dem Ausblick ins Tal, auch wenn die vernässte Extensivweide des Gschwanderdobelgutes – heute ein Familienferienheim[7] – noch vom Jungvieh des etliche Kilometer entfernten Kernewieshofs befahren wird. Der Steilhang oberhalb des Häusles mit seinen gewaltigen Lesesteinhaufen, die »Martinswand«, ist Bannwald und trägt mittlerweile einen vom Schneebruch gezeichneten Fichtenwald. Die Halde hatte das Forstamt 1956 noch aufforsten lassen – sehr zum Missfallen der skisportbegeisterten Söhne des Forstmeisters, denn der Osthang war einer der alpinsten und schneesichersten weit und breit. Gschwander-

Lessteinhaufen im Wald, Zeugen einstiger landwirtschaftlicher Nutzung

Die Fichtenaufforstung aus dem Jahr 1955 wurde dem Bannwald zugeschlagen

rechts: Das strohgedeckte Gschwanderdobelhäusle mit Lesssteinhaufen (Aufn. um 1980)

dobel, Martinswand ... die Namen wollten uns Buben doch sehr nach jenem Tiroler Kolonisten klingen. Hatte der Gschwander sich womöglich nach der Felswand im Inntal zurückgesehnt, in der sich Kaiser Maximilian weiland so heillos verstiegen hatte? Wie auch immer – die schnöde Fichtenkultur erschien uns doch reichlich deplatziert; dass sie später in die Bannwaldfläche mit einbezogen werden sollte, war – bei aller Fantasie der Söhne und bei allem väterlichen Weitblick – nicht abzusehen gewesen.

[1] Lugo, A.: Statistik der Kaiserl. Königl. Vorlande, 1797. Aus: Vorderösterreich – Eine geschichtliche Landeskunde. Hg. von Friedrich Metz. Freiburg, Rombach Verlag, 1976.

[2] Mühleisen, H.-O.: Zum spannungsvollen Verhältnis zweier Schwarzwaldklöster. Freiburg, Edition Volksbank Freiburg, 2000.

[3] Thomas Ludemann, der im Rahmen seiner Dissertation (siehe Kap. 2) mehrere Jahre lang im und über den Zweribach forschte, hat aus den Akten des Karlsruher Generallandesarchivs die Verkaufsprotokolle, Katastervermessungen und Bewertungen der Anwesen ausgegraben und sie uns zugänglich gemacht. Der soziale Kontext dazu lässt sich unschwer ausmalen.

[4] Es dürfte sich um den Haldenschwarzhof gehandelt haben.

[5] Engelmann, U., OSB: Das Tagebuch von Ignaz Speckle, Abt von St. Peter im Schwarzwald. Veröff. d. Kommission f. geschichtl. Landeskunde in Baden-Württ. Reihe A, Bände 12–14, Stuttgart 1965–1968.

[6] Heffter, L.: Beglückte Rückschau auf neun Jahrzehnte. Freiburg, Hans Ferdinand Schulz Verlag, 1952.

[7] Der Gschwanderdobelhof gehört inzwischen dem gemeinnützigen Verein *Badisches Familienferienwerk e.V.*, das von Fritz Hockenjos gegründet worden ist.

Das Obere Heidenschloss 1950 (Aufn. F. Hockenjos)
und heute (rechte Seite)

Kapitel 5
Ein Kapitel Zeitgeschichte: Die letzten Heidenschlössler

Im April spürten wir die Auflösung des Heeres durch zahlreiche Flüchtlinge, die im Stockhof und selbst in unserer Hütte ein kurzes Asyl suchten, um meist nachts weiterzuwandern. Es erfolgte die Übergabe von Freiburg und Emmendingen und im Mai – unsinnigerweise erst jetzt und nachdem die SS noch allenthalben Brücken, Tunnels usw. zerstört hatte – die allgemeine Kapitulation: Finis Germaniae!

Lothar Heffter:
Beglückte Rückschau auf neun Jahrzehnte. 1952[1]

Der emeritierte Mathematikprofessor Lothar Heffter, passionierter Jäger und Pächter des Gschwanderdobelhäusles, war in Freiburg ausgebombt worden, sodass ihm seine »Hütte« bisweilen vollends als Zuflucht diente. Über seine Nachbarn im Norden, den letzten Heidenschlössler und seine Familie, schwieg er sich in seinem Lebensrückblick aus. Dafür hat über deren Schicksal der Vater Aufzeichnungen hinterlassen, die unveröffentlicht geblieben sind. In seine 1994 in dritter und erweiterter Auflage er-

schienenen *Wäldergeschichten* sind sie nicht mehr eingeflossen, weil ihm die Schilderung von Schicksalen noch lebender Personen zu indiskret vorgekommen war. Der zeitliche Abstand mag es unterdessen als vertretbar erscheinen lassen, das zeitgeschichtliche Dokument hier einzufügen. Lassen wir den Vater also berichten:

Als ich im Sommer 1947 den Zweribach zum ersten Mal durchstreifte, kam mir auf dem steinigen Weg vom Bruggerhof herauf ein Mann entgegen, der ein offensichtlich schweres Gerät auf dem Rücken schleppte. Ein Einheimischer konnte es nicht sein; er trug das Hemd wie einen Kittel über der Hose und lief barfuß. Bei mir blieb er stehen, um auszuschnaufen und den Schweiß abzuwischen. Das magere, bleiche Gesicht und die hohe Stirn unterm glatt zurückgestrichenen Haar schienen mir eher einem Gelehrten zu gehören. Ich half ihm, das gusseiserne Gerät abzusetzen, das er sich mit einem Strick auf den Rücken gebunden hatte, und wir kamen ins Gespräch. Ich sei wohl der neue Forstmeister, von dem er schon gehört habe, und er heiße Franck und wohne im Heidenschloß; auf dem Bruggerhof habe er sich die Honigschleuder ausgeliehen. Er sprach hochdeutsch.

Jetzt war ich im Bild. Das Heidenschloß war mir als uraltes Häusle beschrieben worden, das im Zweribach hoch an der Halde auf einer Blöße mitten im Staatswald lag und einem Eigenbrötler gehörte. Er lebte mit Frau und Kind unter sehr primitiven Verhältnissen von den Erzeugnissen seines Gartens, den er sich auf Staatsgelände angelegt hatte, sowie von Ziegenmilch und Bienenhonig.

Das Forstamt duldete von je her stillschweigend die unentgeltliche Nutzung des Geländes, das für die Staatsforstverwaltung so gut wie wertlos war. Ich hatte also sozusagen dienstlich mit dem Mann zu tun, und als er sich mit meiner Hilfe die Honigschleuder wieder aufbürdete, lud er mich ein, ihn im Heidenschloß zu besuchen.

Bald nach dieser ersten Begegnung suchte ich das Heidenschloß auf. Mit einem Schloß hatte das alte Häusle wahrlich nichts gemein; der Name findet sich im Schwarzwald da und dort für abgelegene Anwesen in unwirtlichem, felsigem Gelände. Das ›obere (oder vordere) Heidenschloß‹ – von einem ›unteren‹ standen in der Nähe, inzwischen vom Wald überwachsen, nur noch die Grundmauern – hing fast wie ein Schwalbennest an der Halde, von Felsschrofen umhegt, und war nur über einen Fußpfad zu erreichen. Das Häusle bot einen höchst malerischen Anblick, noch ganz aus Tannenholz gefügt und teils mit Schindeln, teils mit Stroh gedeckt. Die urtümliche Rauchkuchi hatte keinen Schornstein, der Rauch strich durchs Gehäus und imprägnierte das Holz. Das Wasser kam in einem Graben aus dem Zweribach, das Heizmaterial lieferte auf unkomplizierte Weise der Wald, und im Wald weideten auch Francks Ziegen. Erst seit kurzem hatte das Heidenschloß Anschluß ans elektrische Netz. Die Stube diente der Familie zum Wohnen und Schlafen, eine kleine Kammer war mit Francks umfangreicher Bibliothek ausgefüllt. Hier also hauste der offensichtlich hochgebildete, wissenschaftlich tätige Mann mit einer Frau von zigeunerhaftem Reiz und zwei Kindern. Zur Begrüßung bot man mir auf einem Teller eine honigtriefende Wabe. Franck zeigte mir seine Gartenbeete, die er zwischen den Felsen der Wildnis in Terrassen abgerungen hatte. Jeder Fußbreit war ausgeklügelt genutzt und bewässert, und üppig gediehen Gemüse, Tomaten und auch Kartoffeln, die er aus gevierteilten Knollen zog.

Über sein Leben und sein Schicksal sprach Franck nicht, und ich habe ihn auch nicht danach gefragt. Was ich mit der Zeit aber von meinen Förstern und Waldarbeitern erfuhr, klang zwar sehr abenteuerlich, passte indessen zu dem, was ich selber im Heidenschloß sah und mit seinen Menschen erlebte. Besonders was der alte Langecker von der Platte, Nachbar des Heidenschlößlers und Haumeister im Staatswald, mir berichtete, scheint mir um so glaubwürdiger, als es nicht ohne Mitgefühl erzählt wurde. Mir fiel auf, dass die Leute aus dem Zweribach und von der Platte den fremden Sonderling ohne Spott und Abweisung unter sich duldeten. Wie es auf dem Wald der Brauch war, halfen sie ihm, wenn er sie darum bat, und ließen ihn im übrigen gewähren. Um seine Privatangelegenheiten kümmerte man sich nicht; im Zweribach und auf der Platte hat man mit sich selber genug zu tun.

Franck soll von einer schwäbischen Industriellenfamilie stammen; er war auf dem Freiburger Gymnasium ein hochbegabter Schüler und verstand mehrere Sprachen. Lange vor dem Jahr 1933 soll er dem NS-Schülerbund angehört, sich jedoch schon früh zum Gegner des Nationalsozialismus gewandelt haben. Nach dem Studium der Naturwissenschaften erwarb er 1940 das Heidenschloß und zog sich mit seinen Büchern und einer früheren Tänzerin dorthin zurück. Die Frau soll den politisch Verdächtigen den Nachstellungen der Partei entzogen haben. Im II. Weltkrieg wurde Franck zum Militär eingezogen. Nach einem Urlaub 1944 kehrte er nicht mehr zur Truppe zurück; auf der Rückfahrt war, so hieß es, der Zug in Ulm in einen Bombenangriff geraten und seitdem galt Franck als vermisst. Nach einem Dreivierteljahr – im Februar 1945 – bat die vor der Niederkunft stehende Frau die Barmherzigen Schwestern in St. Märgen, sie bei sich aufzunehmen, und in der Not ihrer schweren Stunde gestand sie diesen, ihr vermisster Mann befinde sich daheim. Die Schwester Oberin – ›Sie war ein Satan!‹ erzählten mir alte St. Märgener, die sie noch kannten – zeigte dies an, und nach Franck wurde gesucht. Im Schnee fanden sich zwar keine Spuren, aber aus einem Felsspalt kam Rauch und verriet Francks Versteck. Er wurde verhaftet und wartete auf das Todesurteil wegen Fahnenflucht, doch rettete ihn das Kriegsende.

Als ich Franck kennenlernte, führte er mit den Seinen das bedürfnislose Leben im Heidenschloß weiter. Er bekam Heimarbeit bei der Firma Faller in Gütenbach, die Spielzeug aus Plastik herstellt, und Franck bemalte Bahnhöfe und Schwarzwaldhäuslein und Tannenbäume. Als ihm die Zähne ausfielen, verfertigte er sich aus Plastik selber ein neues Gebiß. Mit seinen Fremdsprachenkenntnissen hätte er wohl unter besseren Umständen leben können. Doch soweit ich ihn kannte, hat er sich weder um die Anerkennung als Naziverfolgter noch um eine Anstellung in Wissenschaft oder Wirtschaft bemüht.

Ob er sich um das Schicksal von Frau und Kind Gedanken machte, weiß ich nicht. Das Mädchen kam kaum einmal über den Zweribach und die Nachbarhöfe hinaus und kannte ein Auto allenfalls vom Hörensagen. Wegen der weiten Entfernung der Schule wurde das Mädchen von den Eltern unterrichtet, und wenn der Lehrer von Zeit zu Zeit seine Fortschritte prüfte, war es seinen Altersgefährten weit voraus. Im übrigen hütete es die Geißen und kletterte zum Staunen der vorbeikommenden Wanderer mit den Geißen in den Felsen um die Wette, ein zweites Heidi. Manchmal dachte ich mit Sorge, wie das Mädchen sich wohl eines Tages draußen in der Welt zurechtfinden werde. Als im Jahr 1951 eine Jugendgruppe beim Langeckhof ein Zeltlager durchführte, war dies für das Kind die Begegnung mit einer andern Welt, und es wich keine Stunde, die es sich daheim losmachen konnte, von der Seite des Lagerleiters, eines evangelischen Pfarrers, der mit seiner Frau sich sorgsam des Mädchens annahm. Auch für Frau Franck war das Zeltlager ein Erlebnis, und eines Tages erschien sie in einem schleierartigen Gewand und tanzte barfuß vor den Buben.

Nicht lange danach wurde die Frau von einer Gemütskrankheit befallen. Der Vikar von St. Peter besuchte sie und verfiel ihrer schwermütigen Schönheit. Als später das Kind kam, hieß der alte Pfarrer von St. Peter sie ein ›Teufelsweib‹. Franck nahm das Büblein wie sein eigenes an, lebte aber in ständiger Furcht, die Kirche wolle es ihm nehmen. Einmal noch kehrte ich mit meiner Frau im Heidenschloß an, um den Kindern Apfelsinen und ein paar Kleidungsstücke zu bringen, aus denen unsere Kinder hinausgewachsen waren. Auch Franck hat uns das eine oder andere Mal im Forsthaus besucht.

Im Jahr 1959 ist das Heidenschloß abgebrannt. Franck war mit einem Rucksack voll Spielzeug nach Gütenbach unterwegs, und die Frau war allein daheim. Das Holz brannte wie Zunder, und zu retten gab es nichts mehr. Als ich andern Tags nach den Leuten schaute und mit Wäsche aushalf, fand ich die Frau mit den Kindern auf dem benachbarten Stockbauernhof, wo sie fürs erste unterschlüpften. Sie schien dem Heidenschloß nicht nachzutrauern, kam mir vielmehr wie befreit vor; später hörte ich die Andeutung, da sei ›die Katze über den Herd gelaufen‹. Vom Heidenschloß fand ich nur noch die rauchenden Grundmauern vor. In weitem Umkreis waren die angesengten Blätter der Bücher verstreut; sie ließen noch die Texte in mehreren Schriften und Sprachen erkennen. Später hauste die Familie noch einige Zeit in einer verfallenen Hofmühle bei Gütenbach, dann war von ihr nichts mehr zu hören.

Das Schicksal Eberhard Francks und seiner Familie hat den Vater bis in seine letzten Lebensjahre nicht mehr losgelassen. Seine Nachforschungen blieben nicht ohne Erfolg: So erreichte ihn im Jahr 1991 ein Brief des Freiburger Chemikers und Universitätsprofessors Georg Brauer (1908–2001), der sich ihm als einer jener Studenten vorstellte, die das obere

Heidenschloss als Quartier für ihre Wanderungen genutzt hatten, nachdem es 1924 vom *Akademischen Wanderverein Sieben Burgen* erstanden worden war. Brauer war 1928 als Student nach Freiburg gekommen und hatte zunächst allein per Rad und zu Fuß den Südschwarzwald erkundet, ehe er Anschluss fand bei einer studentischen Wandergruppe. Aus seinem 1989 verfassten, unveröffentlichten Bericht soll im Folgenden zitiert werden:

»An den Anschlagbrettern der Uni Freiburg waren damals mehrere verschiedene Wandergruppen als ›alternative Gegenvereine‹ zu den Korporationen angezeigt. Nach ihrer Namensgebung gefielen mir zwar die ›Brückenbauer‹ am besten, aber das Schicksal brachte mich, ohne dass ich heute noch weiß wieso, zu der sehr kleinen Gemeinschaft, die sich ›Berggänger‹ nannte. Vielleicht kam dies daher, dass sich gerade diese Gruppe weitgehend aus Studenten der besonders naturverbundenen Fachrichtungen Medizin, Chemie, Physik und Forstwissenschaften zusammensetzte, und der Berichterstatter erstrebte ja selbst den Beruf des Chemikers. Heute, nach über 50 Jahren, preise ich mich glücklich, dass eine höhere Macht mich als Mitglied in diese Gemeinschaft junger Menschen geführt hat. Ich glaube heute, dass eine solche fast ungetrübte Harmonie unter extrem eigenwilligen Individualisten selten möglich ist, und vielleicht nur durch die gemeinsame Liebe zum Schwarzwald zustande kommen konnte. Mit denjenigen unter ihnen, die noch leben, steht der Berichterstatter heute noch in freundschaftlicher Korrespondenz. Also damals gab es einen selbsternannten ›Leithammel‹ der Berggänger, den erwähnten Frenzl;[2] er saß allerdings im Stuhl in seinem Büro in Freiburg-Stadt und verwaltete organisatorisch mehrere Aufenthalts- und Übernachtungshütten in den Bereichen Feldberg und Kandel. Wir jungen Wanderer haben nie konkret erfahren, welche dieser Stützpunkte Eigentum des Renz-Max, oder nur von ihm gepachtete Örter waren. Jedenfalls machte er eine Zuordnung so, dass den Berggängern vorzugsweise das Obere Heidenschloss als Wanderziel und Übernachtungsziel zugewiesen wurde. Zum materiellen Ausgleich dafür gab es eine Art Zwangsmitgliedschaft mit bescheidenen Monatsbeiträgen und einem Übernachtungsgeld, etwa in Anlehnung an das System der allgemeinen Jugendherbergs-Organisation.*

So kam der Berichterstatter 1929 zum ersten Mal aufs Obere Heidenschloss […]. Wir sind extrem ordentlich und fürsorglich mit diesem Kleinod umgegangen. Manche Mahlzeit für die hungrigen Leut', die sich dort nach einem Marsch vom Bahnhof Kirchzarten durchs Eschbachtal oder Ibental über St. Peter, oder vom Bahnhof Himmelreich über die Wolfstiege über den Kapfenberg hinaufgeschnauft hatten, wurde in der rußgeschwärzten Küche (in der Hocke wegen dem Rauch) zubereitet, auch wenn es nur ein Reisbrei oder Grießbrei oder nur ein heißer Tee zu Brot und Wurscht waren. Nein, ›Gesindel‹ waren wir nicht, auch wenn wir den vorgeschriebenen abendlichen Eintrag ins ›Feuerbuch‹ (eine Kontrollmaßnahme des verantwortungsbewussten Frenzl) aus Schabernack mit C. V. oder V. C. gemacht haben; das waren unsere Abkürzungen für ›euer angezündet‹ oder ›euer gelöscht‹. Der Frenzl hat sich zwar geärgert, er musste aber sorgfältiges und verantwortungsvolles Verhalten anerkennen.

Wenn wir nach einer Wanderung am Samstag auf dem Heidenschloss angekommen waren, die Rucksäcke, die schon drückten, abgelegt hatten und anfingen, uns häuslich einzurichten, erschien nach erstaunlich kurzer Zeit die Michelseppe,[3] um einen regelmäßigen Tribut von uns einzukassieren. Sie muss wie ein Greifvogel irgendwo (wahrscheinlich beim Langeckerhof) gelauert haben, um uns sofort zu entdecken. Viele von uns Berggängern waren Nichtraucher und konnten das energisch vorgebrachte Begehren nach ein wenig Taback nicht erfüllen, was uns die Seppe wohl nie ganz geglaubt hat; sie hielt uns nur für geizig. Aber für ein paar kleinere Münzen oder ein Stück Brot mit Wurst oder Käse als Ersatz war sie auch durchaus zufrieden. Als eine Art Dank ging sie dann an die kleinen Fenster der Stube, wo allerlei Fliegen saßen, und manchesmal nicht wenige. Die drückte sie mit einer virtuosen Geschicklichkeit und Geschwindigkeit auf den Glasscheiben tot, mit allen Fingern wie auf einem Klavier spielend. Das anschließend erforderliche Säubern der Fenster überließ sie natürlich uns jungen Leuten; das wäre unter ihrer Würde gewesen.

Das alles ging mit der Naziherrschaft, etwa 1934, zugrunde. Die Wandergemeinschaften wurden vom ›Reichsstatthalter‹ aufgelöst. Die ›Berggänger‹ verließen Freiburg und damit das Heidenschloss. Sie wurden in alle Winde zerstreut; sie wollten sich nicht gleichschalten lassen.«

Die Michelseppe, noch immer ein Ansichtskartenmotiv. (Ansichtskarte, Fotograf unbekannt)

Nach dem Krieg kehrte Georg Brauer als außerordentlicher Professor nach Freiburg zurück, um 1959 einen Ruf auf den Lehrstuhl für Anorganische Chemie an der Universität zu erhalten, den er bis zu seiner Emeritierung im Jahr 1976 innehatte. Die Lust an Schwarzwaldwanderungen hatte er sich bewahrt. Auf einer Fußtour von St. Peter zur Platte, die er um 1950 mit seiner Tochter unternahm, begegnete er erstmals Eberhard Franck, wie er in seinem Bericht festhält:

»Er schob ein altersschwaches Damenfahrrad mit Gepäck vor sich her und trug Schuhe, die er selbst mit Resten alter Autoreifen besohlt hatte, eine Methode, die er uns wortreich empfahl. Im üblichen freundschaftlichen Gespräch nach Woher und Wohin erwähnte ich, dass ich nachforschen wolle, ob das Obere Heidenschloss noch stünde und was aus ihm und seinen Bewohnern geworden sei. Zu meiner und meiner Tochter Überraschung offenbarte sich Franck als Bewohner des Oberen Heidenschlosses und bot uns beiden die Übernachtung in seinem Haus an. Wir nahmen nur zu dankbar an, und ich bemerkte staunend, dass es ihm gelungen war, eine *elektrische Stromzuführung zum Heidenschloss zu bekommen. Abgesehen von dieser zivilisatorischen Neuheit fand ich aber das Schlössle im liebgewordenen alten Zustand.*

Im Spätherbst 1959 fuhr ich mit meinem inzwischen ersparten VW-Käfer zum Stockbauern, beladen mit abgelegten Kleidungsstücken, um der Familie Fran[c]k, die ich ins Herz geschlossen hatte, irgendwie zu helfen. Ich war erschüttert: Das Heidenschloss war gerade abgebrannt, verursacht durch einen elektrischen Kurzschluss oder ein Versehen von Frau Fran[c]k. In den kohligen Trümmern sammelte ein seelisch gebrochener Fran[c]k einzelne Buchseiten seiner Bibliothek und ausgeglühte, krumme, eiserne Nägel für… ja wofür? Frau Fran[c]k und die Kinder waren notdürftig aber nachbarlich hilfsbereit vom Stockbauer aufgenommen worden. Der Familie wurde dann ein dürftiges Notquartier von der Gemeindeverwaltung in Furtwangen zugewiesen. Ihre weitere Spur ist mir verloren gegangen.

*Nach Jahren habe ich versucht, den Ort des ehemals Oberen Heidenschlosses zu finden und zu besuchen. Aber die nachwachsende Natur, der ich im Grunde dieses Wachstum ehrlich gönne, das ich bewundere und für die Zukunft innigst wünsche, hatte bereits Salweiden über den kärglichen Brandüberresten ausgebreitet.«

Über etliche Umwege ist es meinem Vater schließlich doch noch gelungen, Eberhard Franck aufzuspüren. Im Frühjahr 1992 schrieb er ihm einen Brief ins Altenheim einer niedersächsischen Stadt und erhielt von dort ein letztes Lebenszeichen. Die Antwort war freundlich, erwies sich für den Vater jedoch als wenig ergiebig. Dafür enthielt sie die Empfehlung lebensreformatorischer Literatur »Nahrung unser Schicksal«: »Es würde mich sehr freuen, wenn Sie daraus ebensoviel Nutzen ziehen würden. Gerne würde ich von Ihnen wieder einmal hören. Mit herzlichen Ostergrüßen Ihr Eberhard Franck.«

---

[1] Heffter, L.: Beglückte Rückschau auf neun Jahrzehnte. Freiburg, Hans Ferdinand Schulz Verlag, 1952.

[2] Gemeint ist Max Renz, der das Heidenschloss 1924 erworben hatte.

[3] Die Michelseppe, auch »Plattenwiibli« genannt, mit bürgerlichem Namen Josefa Schuler, war Magd im Plattenhof. Das Pfeife rauchende Original ist 1936 82-jährig verstorben und bis heute ein beliebtes Ansichtskartenmotiv.

Was vom Oberen Heidenschloss geblieben ist.

Relikte einer verflossenen Ära

Obstbäume und Johannisbeeren des 1984 abgebrannten Brunehofs. Rechts: Der Bruggerhof: letzter Zeuge einer verschwindenden kleinbäuerlichen Welt

Kulturrelikte

Auf den wenigen verbliebenen Freiflächen blühen Holunder, Schwarzdorn, Sumpfdotter, Waldhyazinthe und Storchschnabel

Kapitel 6

Touristen und Wildnissucher

Es sind zwei Fälle, sich in einsamster Felsenwildnis bergend und nach starkem Regen von großer Mächtigkeit. Keine wohlgebahnten Promenadenpfade führen zu ihnen, sondern nur ein schmaler, steiniger, verwachsener Steig. Auch der Abweg ist, wenigstens für Damenschuhe, noch keineswegs ein liebenswürdiger.

Wilhelm Jensen:
Der Schwarzwald. 1901[1]

Mit dem Wirbel rund um den Triberger Wasserfall, der Touristikwerbung zufolge »Deutschlands höchste Wasserfälle«, kann es der Zweribach – gottlob! – nicht aufnehmen. Den Rummel dort hatte mit spitzer Feder schon um die vorletzte Jahrhundertwende der Schriftsteller Wilhelm Jensen in seinem Schwarzwaldbuch aufgespießt und mit mildem Spott bedacht: »Vor dem untersten Fall hält den ganzen Tag hindurch ein Photograph Wacht und lauert auf Opfer, um sie malerisch auf einem Felsblock zu postieren und gegen den weißen Hintergrund zu verbildlichen. Der recht unbequeme Block ist fast niemals leer; junge Hochzeitspaare nehmen eine zärtlich-malerische Stellung darauf ein, buntbemützte Studenten schwingen überschäumende Symbole ihrer täglichen angestrengten Thätigkeit in der Hand, selbst die Ritter vom Rade arbeiten sich auf den Felsen, um der staunenden Welt zugleich mit ihrem Konterfei das ihres geistreichen Rosses von der Landschaft des Triberger Wasserfalles sich abheben zu lassen.«

Die »Spekulation auf die Narrheit der Menschen« (W. Jensen), die Kommerzialisierung also, hält sich im Zweribach nach wie vor in Grenzen. Noch nicht einmal ein Kassenhäuschen aufzustellen, ist bisher jemandem in den Sinn gekommen. Schon gar nicht scheint der Zweribach für touristische Events zu taugen, wie sie in Triberg schon in wilhelminischer Zeit gang und gäbe waren. Der Bewunderung für die Spektakel dort hatte sich selbst der Präsident des Schwarzwaldvereins, Ludwig Neumann, nicht entziehen können, der darüber 1897 in seinem opulenten Bildband »Der Schwarzwald in Wort und Bild« ins Schwärmen geriet: »Sinkt die Nacht herein, dann leuchtet der Gischt auf in elektrischem Licht oder bengalischen Flammen, steigende Raketen übergießen die glitzernden Fälle mit magischem, farbenprächtigem Licht. Das Bild, welches der Fall bei solcher Beleuchtung im Rahmen der dunklen Tannen gewährt, ist von packender Schönheit.« Die Eventmanager von heute wollen sich da nicht lumpen lassen: »Triberger Weihnachtszauber – direkt an Deutschlands höchsten Wasserfällen«, so tönt es neuerdings, illuminiert mit 500 000 Lichtern; es treten dazu auf die *Saraph & Five for Five – Feuershow* samt Rockband *Stones Faction*, Alphornbläsern und Gospel Singers.

Nein, der Zweribachwasserfall, in der *Beschreibung des Großherzogtums Baden* aus dem Jahr 1836 an vierter Stelle rangierend in der Reihe der bedeutendsten Wasserfälle des Landes (als »Schaufall am Heidenschloss zu oberst im Simonswald«), eignet sich nicht für Megaevents. In den Reise- und Wanderführern schaffte er es sogar meist nur bis ins Kleingedruckte. Da mochte sich der 1864 in Freiburg gegründete *Badische Verein von Industriellen und Gastwirten*, der sich im nämlichen Jahr in *Schwarzwaldverein* umbenannt hatte, noch so sehr um die Ankurbelung des Fremdenverkehrs bemühen.

In der touristischen Frühzeit, um die Mitte des 19. Jahrhunderts, waren es vor allem die Erzählungen des Schriftstellers Berthold Auerbach, die den Schwarzwald als Reiseziel international ins Gespräch gebracht hatten; seine Erzählung *Barfüßele* und seine *Schwarzwälder Dorfgeschichten* hatten europaweit in erstaunlichen Auflagen Verbreitung gefunden. Einer, den Auerbach zu einer Schwarzwaldwanderung animiert hatte, war der norwegische Advokat und Storting-Abgeordnete Nicolai R. Östgaard, der auf dem Rückweg von einer Italienreise auch noch drei Tage durch den Schwarzwald wanderte und darüber 1856 einen erfrischenden Reisebericht veröffentlicht hat. Auf seiner Wanderung vom Simonswäldertal nach St. Peter begleiten wir ihn ein Stück weit durch den Zweribach:

»Hoch droben auf einer Lichtung, war mir gesagt worden, befände sich ein kleiner Hof oder, wie man es hier nennen würde, ein Haus – denn im Schwarzwald befinden sich, wie fast überall im Ausland, alle Räume des Hofes unter einem Dach versammelt – und da ganz in der Nähe würde sich der Wasserfall befinden.

Nach einem ziemlich beschwerlichen Aufstieg näherte ich mich endlich dem Haus und ging hinein, um mich nach dem Weg zu erkundigen, aber eigentlich mehr, um zu erfahren, wie es in einer solchen Waldbehausung aussah. Es war nicht wohnlich darin: Kühe, Schweine und Menschen wohnten Wand an Wand und der Gang, der zu den Türen führte, sah ziemlich düster aus, als ob er nur den Erstgenannten dienen würde.

Der Wasserfall würde unmittelbar hinter der Wiese liegen, sagten Leute, die ich traf; weil ich aber, obwohl ich ihm so nah war, nicht das Geringste von seinem Tosen hören konnte, nahm ich an, er habe so wenig Wasser, dass es sich kaum lohnen würde, die paar Schritte zu gehen, um ihn zu besichtigen. Danach ging es steil nach oben, so steil, dass der Pfad, um begehbar zu sein, sich in Zickzackwin-

Triberger Kontrasterlebnis

dungen den bewaldeten Abhang hinaufschlängelte. Es herrschte noch drückende Mittagshitze, obwohl Mittag vorbei war und die Hitze durch die Schatten der hohen Tannen gedämpft wurde. Es wehte kein Lüftchen. Sobald man auf eine Lichtung trat, da schmorte und brannte die Sonne, und es galt, seinen Schritt zu beschleunigen, um schnellstmöglich das dunkle Tannengewölbe zu erreichen.«[2]

Dass der Autor sowohl von zuhause in Norwegen als auch nach seiner Alpenüberquerung spektakulärere Wasserfälle gewohnt war und sich deshalb von den Zweribachfällen nicht sonderlich beeindruckt zeigte, wird man ihm nachsehen müssen. Wie auch seine Abscheu vor den wohnhygienischen Verhältnissen im Schwarzwälder Eindachhof, einer baulichen Lösung, deren Vorzügen die Skandinavier noch nie etwas abzugewinnen vermocht haben: Stallgeruch in der Wohnung – was für ein Zivilisationsbruch! Andererseits: Steckte nicht auch energetisches Raffinement hinter dieser Konstruktion? Wo doch, wie es der Volksmund auf den Punkt bringt, im Schwarzwald noch nie einer verstunken, manch einer jedoch erfroren ist!

Recht viel mehr Aufhebens machte vom Wasserfall auch G. v. Seydlitz in seinem Wanderführer *Neuer Wegweiser durch den Schwarzwald anno 1870*[3] noch nicht; mag sein, dass er ihn selbst – umständehalber – gar nicht zu Gesicht bekommen hatte: »Gewöhnlich besucht man von hier den *Zweribachfall*, der, indessen nur im nassen Frühjahr, recht großartig ist. Er kommt vom Kandel herab, nahe dem Plattenhof. Zwei große Absätze in Felsgeklüft. Der Weg dahin ist aber (1869) so verwahrlost, dass es durchaus nicht ratsam ist, ohne Führer dahin zu gehen. Bei der Wahl eines solchen sei man vorsichtig, denn es gibt da auch unberufene Irreführer.«

Großartiger, gewiss auch nicht ganz frei von lokalpatriotischer Übertreibung, schildert die Gütenbacher Dorfchronik aus dem Jahr 1904[4] den Fall: »Über gewaltige Felsen hinab stürzt sich das reißende Bergwasser, wahrhaftig ein schönes Bild, besonders wenn es recht viel Wasser hat und wenn die Sonnenstrahlen in dem auf uns herabrieselnden Wasser die prächtigsten Regenbogenfarben bewirken. Dieser Wasserfall ist wohl einer der schönsten des ganzen Schwarzwaldes, weshalb es wirklich schade ist, dass er infolge des etwas beschwerlichen Zugangs so wenig besucht wird.

Vielleicht erbarmt sich auch einmal der Schwarzwald-Verein oder sonst eine wohltätige Gesellschaft des armen Touristen und sorgt für bessere Wege. Es wäre dies wirklich der Mühe und der Kosten wert.«

In St. Peter, dessen Gemarkung bis an den Zweribach heranreicht, war 1902 eine Sektion des Schwarzwaldvereins gegründet worden, wobei der Arzt, die Geistlichkeit (Repetitoren, Subregenten und Regenten des Erzbischöflichen Priesterseminars) und die Wirtsleute kräftig Geburtshilfe geleistet und Ehrenämter übernommen hatten. Der Verein nahm sich fortan der Nöte der Zweribachwanderer an und baute die Zugänge zu gangbaren und markierten Fußpfaden aus. Auch die *Sektion Kandel*, die Waldkircher Ortsgruppe des Schwarzwaldvereins, und der *Verschönerungsverein St. Märgen* halfen dabei mit. Ein St. Märgener Kurgast hatte sich 1904 bei der Gemeinde St. Peter über den miserablen Zugangsweg beschwert: Es spotte jeder Beschreibung, wenn Fremde wie in den südamerikanischen Anden nur über einen Geißenpfad zu den Wasserfällen gelangen könnten. Immerhin hatte man da die gefährlichste Kletterpassage bereits mit einem Stahlseil gesichert. Auch das Bezirksamt Waldkirch sah jetzt Handlungsbedarf: In einem Schreiben vom 24. August 1904 an die Sektion St. Peter hielt man es für geboten, das Wasser des Zweribachs oberhalb der Fälle besser zu bündeln, außerdem sollten einige Felsbrocken als Sitzgelegenheit hergerichtet werden, wofür das Amt 150 Mark in Ansatz brachte. Offenbar glaubte man in den Waldkircher Amtsstuben, es den Tribergern gleichtun zu sollen. Recht viel ist davon nicht umgesetzt worden. Doch nicht zuletzt der Brunehof unterhalb des Wasserfalls, den der norwegische Tourist Östgaard noch so wenig liebevoll beschrieben hatte, sollte von den Verschönerungs- und Verbesserungsmaßnahmen profitieren, konnten doch die Wanderer hier neuerdings Milch, Limonade und Ansichtskarten erstehen.

Was die Wanderführer des frühen 20. Jahrhunderts freilich noch immer nicht dazu veranlasst hat, den Zweribachbesuch nachdrücklicher zu empfehlen. So auch C. W. Schnars *Schwarzwaldführer*, erschienen im Jahr 1928 in 25. verbesserter und erweiterter

Auflage (Erstauflage 1865), der das landschaftliche Kleinod noch immer nur kleingedruckt erwähnt als eines der Wanderziele von Obersimonswald aus: »Der Zweribach (770 m) wird von hier aus am bequemsten besucht. Der Weg führt unterhalb des Sternen in Obersimonswald auf das l. Ufer der wilden Gutach und biegt dann in das einsame Seitental des Zweribaches links ein (Wgw.) in 1½ St. zu den mächtigen Fällen. Weiter zum Plattenhof (982 m; Wirtschaft) ¾ St. und auf den Kandel 2 St.«. Noch 1908, damals in 16. Auflage, hatte Schnars *Neuester Schwarzwaldführer* die halbherzige Wanderempfehlung sogar (wie zuvor Seydlitz) mit der Einschränkung versehen: »nur in nasser Jahreszeit lohnend«.

Ausführlicher und wohlwollender hat den Zweribach damals – bemerkenswerterweise – nur der Schwabe Julius Wais in seinem *Schwarzwaldführer* beschrieben, herausgegeben vom Württembergischen Schwarzwaldverein im Jahr 1926: »Unser Weg biegt nun ins Zweribachtal ein, zunächst hoch über dem Bach. Nach 10 Min. überschreitet man das Wasser bei der Sägmühle und geht sofort links aufwärts, bald nachher wieder über den Bach und den schattenlosen Weg an einem Hof vorbei aufwärts zum Wald. Nach drei Min. seit dessen Betreten geht's bei der Wegteilung halbrechts über das Wasser, nachher an dem Hof den ebenen Fußpfad rechts zum unteren *Zweribachfall*. Der vielgestaltige, schleierartige Fall ergießt sich über mächtige Felsblöcke und ist schöner als der obere Fall. Zu diesem steigt man links vom Wasser in 5 Min. auf; an den Felsen ist der Pfad durch ein Geländer gesichert. Der obere Fall, unter dem ein eiserner Steg hinführt, hat eine gewisse Ähnlichkeit mit dem Uracher Wasserfall. Wegen des Kraftwerks sind die Fälle nur Sonntags zu sehen. Nach Überschreiten des Stegs folgt man dem Fußweg durch den Buchenwald aufwärts, tritt nach ¼ St. aus dem Wald und setzt den oberen Weg um das Wiesentälchen (Hochtal des Zweribachs) fort.«

Womit sich der Führer auf dem allerneuesten Stand zeigt: Tatsächlich hatte im Jahr 1924 die Gutacher Nähseidefirma Gütermann in Obersimonswald ein Wasserkraftwerk in Betrieb genommen, das seitdem den Zweribach oben auf der Platte aufstaut und in eine Rohrleitung zwängt. Auch der Hirschbach wird seitdem in seinem Quellgebiet im Gschwanderdobel erfasst und beigeleitet – ein Schicksal, dem nicht einmal die Triberger Wasserfälle entgangen waren, die bereits seit 1893 zur Stromversorgung der Stadt mit herangezogen werden. Hier wie dort hat man, den Wanderern zuliebe, vertraglich Restwassermengen vereinbart, eine Lösung, für die sich insbesondere die Ortsgruppe St. Peter des Schwarzwaldvereins beim Waldkircher Bezirksamt ins Zeug gelegt hatte.

Auch noch der vorerst jüngste Wanderführer des Schwarzwaldvereins aus dem Jahr 1980[5] erwähnt bedauernd die verminderte Wasserführung: »Bei den Hirschbachwasserfällen – seit Erbauung des Gütermannschen Stausees leider nur noch ein Rest früherer Großartigkeit – wechselt der Fußpfad Bach- und Talseite und führt über Felsstufen und urwaldartige Halden zum Brunehof [...]. Auf dem Pfad hinter dem Brunehof erreicht man wieder den Wald und

Bei Schneeschmelze noch immer stattlich: der untere Zweribachwasserfall

steht nach wenigen Minuten am Fuß des 30 m hohen unteren Zweribachfalles; auch er hat einen großen Teil seines Wassers durch den Stau eingebüßt. Schneeschmelze oder Gewitterregen, im Winter der imposante Eispanzer können den Zweribachfall dennoch zum unvergesslichen Erlebnis machen.«

Wer weiß, ob sich die touristische Vermarktung der Wasserfälle weiterhin hätte eindämmen lassen, verfügten sie noch über ihren ursprünglichen Zulauf und schäumten sie noch so heftig wie vor dem Kraftwerksbau. So aber hält sich der Wanderbetrieb derzeit selbst an Wochenenden in erträglichen Grenzen. Unten an der ehemaligen »Franzosensäge«, am Ende des schmalen Teersträßchens, füllt sich der Parkplatz nur selten. Seit einigen Jahren wird der Besucher mit Hilfe von ein paar Stelen dreisprachig und dennoch vergleichsweise dezent über Bannwald und Siedlungsgeschichte aufgeklärt. Das Land als Waldeigentümer tut sein Bestes, um entlang der Pfade erforderlichenfalls mit der Motorsäge seiner Verkehrssicherungspflicht nachzukommen. Obacht auf morsche Hölzer und Trittsicherheit werden im Bannwald gleichwohl empfohlen. Oben auf der Aussichtskanzel des Hohwartfelsens hatte man schon in den 1950er Jahren ein defektes Eisengeländer entfernt; mit Erfolg, denn Abstürze sind hier seitdem nicht zu vermelden.

Anders am mit Stahlseilen, Treppen und einem Eisensteg gesicherten Wasserfall, wo ein »Marterl« mit der Inschrift »Gott rief zur Ruh« an das Schicksal des Alfons Trenkle aus Wildgutach erinnert, der hier am 14. November 1976 tödlich abgestürzt ist. Ob es Heimweh war oder der Schoppen beim Plattenwirt, was ihn in den winterlichen Zweribach getrieben hatte? Ein Albert Trenkle jedenfalls hatte bis zum Jahr 1944 den Brunehof vom Staat gepachtet gehabt, ehe er nach heftigen Beschwerden über dessen baulichen und sanitären Zustand resigniert hatte und nach Wildgutach verzogen war. Ein zweites Gedenkkreuz erinnert wenige Schritte bergwärts an

den Unfalltod einer Wanderin im Frühling des Jahres 2003; eine Strophe des Psalms 62 legt die Vermutung nah, dass auch sie vom Pfad abgekommen ist:

Meine Seele ist stille zu Gott.
Er ist meine Hilfe, mein Schutz,
dass mich kein Fall stürzen kann,
wie groß er ist.

Anders als die Pächter des Brune- und des Bruggerhofs, die Trenkles und die Haberstrohs, haben die Eigentümer des zuunterst gelegenen Haldenschwarzhofs bis heute im Tal ausgeharrt. Den bewirtschaften die Schulers, seit es als ersten aus der Familie einen Joseph Schuler (1817–1880) in den Zwribach verschlagen hat. Wer auf der Suche nach »Ferien auf dem Bauernhof« den Internetauftritt von Ulrike und Thomas Schuler samt Kinderschar anklickt, staunt nicht schlecht über die heimelige Viersterne-Ferienwohnung und das gebotene Preis-Leistungs-Verhältnis, auch über manch andere Innovation auf dem in seiner Grundsubstanz über 400 Jahre alten Hof. Geworben wird – für Schwarzwaldbauern fast ein Tabubruch – mit der Wildnis! Der Haldenschwarzbauer bietet geführte Wanderungen durch den Bannwald an. Nur mit den schwarzen Haaren seines Vorfahrs Joseph, denen der Hof angeblich seinen Namen verdankt, kann er es nicht mehr aufnehmen.

Gänzlich unerwünscht und deplatziert sind im Zweribach der steilen Zickzackpfade und der Absturzgefahr wegen bloß die Mountainbiker, Wilhelm Jensens »Ritter vom Rade«. Deren *Singletrails* setzt das Landeswaldgesetz noch immer klare Grenzen. Und so findet sich am Wasserfall auch noch immer nicht, wie anno 1904 vom Waldkircher Bezirksamt angeregt, der Felsblock zur Siegerpose, und schon gar nicht wird im Zeitalter der Digitalfotografie, des Handys und der Selfies der Fotograf vermisst. Noch immer hilft dem Zweribachwanderer und Wildnissucher auch keine Smartphone-App über die Blockhalden hinweg, wenngleich die Wanderwege des Schwarzwaldvereins längst allesamt GPS-kompatibel geworden sind. Doch nichts da mit Wilhelm Jensens »wohlgebahnten Promenadenpfaden« wie drüben in Triberg! Und »liebenswürdig« ist der »Abweg« noch immer nicht, weder für Damenschuhe, schon gar nicht für Biker.

[1] Jensen, W.: Der Schwarzwald. Berlin 1901. Unveränderter Nachdruck Frankfurt a. M., Verlag Wolfgang Weidlich, 1980.
[2] Östgaard, N. R.: Drei Tage im Schwarzwald. Neustadt a. d. Weinstraße, Fundus-Verlag, 2005.
[3] Seydlitz, G. v.: Neuer Wegweiser durch den Schwarzwald anno 1870. Freiburg, Kehrer Verlag KG, 1984.
[4] Nachgedruckt 1979 vom Furtwanger Geschichts- und Heimatverein.
[5] Liehl, E.: Wanderbücher des Schwarzwaldvereins 4. Der Hohe Schwarzwald. Freiburg, Rombach Verlag, 1980.

rechte Seite: Wo der Hirschbach rauscht …

Ein Wasserkraftwerk entsteht im Jahr 1924 (Aufn. Privatalbum Fam. Weiß, Obersimonswald)

Kapitel 7
Unter Spannung

Der Druck ist ungewöhnlich: Nirgendwo sonst in Deutschland nutzt ein historisches Wasserkraftwerk ein derart hohes Gefälle – 483 Meter Höhendifferenz zwischen dem Plattensee [...] und dem Krafthaus am Ausgang des Wildgutachtals.

Bernward Janzing: Baden unter Strom. 2002[1]

Es ward Licht, endlich auch in den hintersten Schwarzwaldtälern. Zwar hat es noch ziemlich gedauert, bis der Wunsch des Brunehof-Pächters nach einer Stromleitung auf die Tenne hinauf erhört worden ist, vorgetragen in einem Bittschreiben an das staatliche Bauamt im Jahr 1938. Am Strom hat es jedoch nicht gelegen, denn das Haus hatte bereits seit 1934 elektrischen Anschluss, führte doch eine Freileitung von Obersimonswald durch den Zweribach an Höfen und Wasserfällen vorbei hinauf auf die Platte. Auch der Bruggerhof und sogar das Heidenschloss waren an das Stromnetz der Nähseide-Firma des Max Gütermann mit Sitz in Gutach bei Waldkirch angeschlossen worden.

Die Elektrifizierung des Schwarzwalds war ausgangs des 19. Jahrhunderts mit Macht in Gang gekommen: 1884 erhielt Triberg als erste Stadt Deutschlands eine elektrische Straßenbeleuchtung, versorgt von einem Werk, das die Wasserfälle der Gutach nutzte. Allenthalben wurden Flusskraftwerke projektiert, manche auch realisiert. Selbst in der unwegsamen Wutachschlucht wurde gebaut: Das Stallegger Kraftwerk lieferte seit 1895 Strom für die fürstliche Residenz in Donaueschingen, sodann auch für die halbe Baar. Manche Gemeinde hat sich in ihrer Selbstversorgungseuphorie aber auch kräftig verhoben. So etwa die Stadt Vöhrenbach, die mit dem Bau der Linachtalsperre mitten in die Inflationszeit geriet und sich damit so heillos verschuldete, dass sie den Stadtwald kahlschlagen und Schuldscheine ausstellen musste. 1921 machte sich auch ein Arbeitsausschuss der Simonswälder Talgemeinden daran, die Nutzungsmöglichkeit von Zweribach und oberer Wildgutach zu untersuchen, doch für die Realisierung eines eigenen Kraftwerkprojekts fehlte das Geld. Da sprang der Gutacher Fabrikant Max Gütermann ein, dessen von der Elz angetriebene Turbinen schon seit Jahrzehnten nicht nur Fabrik und Arbeiterwohnungen mit Strom versorgten, sondern auch die Gemeinden Gutach und Kollnau.

Das Turbinenhaus heute

Der Niederschlags- und Wasserreichtum im Quellgebiet des Zweribachs oben auf der Platte und erst recht die gewaltige Höhendifferenz bis ins Simonswäldertal hinab ließen einen wirtschaftlich hochattraktiven Kraftwerksbetrieb erwarten. Und so fackelte der Unternehmer nicht lange: Bereits im Mai 1924 konnten die Bauarbeiten, geplant von einer Karlsruher Ingenieurfirma, in Angriff genommen werden. Unweit des Plattenhofs wurde der Zweribach mit einem 216 m langen Damm aus Stampfbeton abgeriegelt. Sein aufgestautes Wasser sollte fortan durch schmiedeeiserne Druckrohre der Firma Mannesmann ins Tal schießen, verlegt von einer Firma aus dem Schwäbischen. Die Topographie erforderte eine bautechnische Meisterleistung, wogen doch die einzelnen Rohrstücke, die den Steilhang hinunter eingebaut werden mussten, bis zu 3,5 t. Derweil entstand in Obersimonswald das Krafthaus, ausgestattet mit zwei Peltonturbinen sowie einer 750-kW-Pumpe. Denn Gütermann hatte für den Spitzenbedarf ein Pumpspeicherkraftwerk geplant, das Nonplusultra regenerativer Energiewirtschaft. Mit ihm sollte der nächtliche Stromüberschuss dazu genutzt werden, um das Wasser wieder hinauf in den Plattensee-Speicher zu pumpen. Erstaunlicherweise wurden die Pumpen jedoch kaum jemals eingesetzt – die Energieverluste waren wohl doch unterschätzt worden. Die Gesamtleistung der beiden Drehstromgeneratoren wird mit 1120 kW angegeben.

Der elektrotechnisch versierte Journalist Bernward Janzing hat detailreich die Entstehungsgeschichte und auch das weitere Schicksal des Werks beschrieben, das nach einer rekordverdächtigen Bauzeit von gerade einmal sieben Monaten ans Netz gegangen war. Nichts war in jenen Jahren leichter zu beschaffen als Arbeitskräfte. Deren Leistung unter den damaligen Arbeitsbedingungen verdient Bewunderung: Die Verlegung der Druckrohre verlangte ein Höchstmaß an Präzision – 90 Jahre nach ihrem Einbau tun sie, abgedichtet mit teergetränkten Hanffasern, noch immer anstandslos ihren Dienst. Behelfsbrücken über die Wilde Gutach mussten errichtet werden, und achtspännig wurde die Pumpe durch das Simonswäldertal heraufbefördert.

Die Nutzung der Schwarzwaldflüsse zur Energiegewinnung blieb nicht ohne Auswirkung auf ihren

Präzisionsarbeit beim Bau der Druckleitung durch den Steilhang (Aufn. Fam. Weiß)

touristischen Erlebniswert, wie man spätestens seit der Inanspruchnahme der Hochrheinzuflüsse und seit den Beileitungsplänen der Schluchseewerk AG weiß; die Letzteren haben in den 50er Jahren zum »Kampf um die Wutachschlucht« und zur Gründung der ersten bundesdeutschen Bürgerinitiative[2] geführt. Ganz ohne Konflikte ging es auch im Zweribach nicht ab: Der Freiburger Naturschutzbeauftragte soll, als er von der Inbetriebnahme des Werks im Dezember 1924 erfuhr, überrascht und empört gewesen sein über die »Naturverschandelung«. »Sofort«, so Janzing in seinem Buch, »machte sich eine Kommission auf den Weg, diesen vermeintlichen Frevel in Augenschein zu nehmen – doch die Herren fanden die gesuchte Hangrohrleitung gar nicht, weil sie unterirdisch verläuft. Kleinlaut zogen sie wieder talwärts.«

Ob die Herren des amtlichen Naturschutzes tatsächlich so überrascht und unbedarft gewesen sind, wie Janzing es uns glauben machen will, mag dahingestellt bleiben. Immerhin wurden dem Betreiber behördliche Auflagen gemacht: Um das Naturschauspiel der Wasserfälle nicht vollends zu entwerten, durfte im Sommerhalbjahr an Sonntagen den Wanderern zuliebe kein Wasser im Staubecken zurückgehalten werden. »Einsprüche des Vereins für Heimatschutz« hätten dies bewirkt, womit Janzing wohl auf die rührige Ortsgruppe St. Peter des Schwarzwaldvereins zielt. Auf deren Betreiben wurden die Auflagen weiter präzisiert: Mindestens 40 Liter pro Sekunde mussten im Sommer von Samstagmittag bis Sonntagabend »die Wasserfälle hinunter plätschern« (so Janzing); wochentags, wenn kein Wanderbetrieb zu gewärtigen war, reichten 15 Liter pro Sekunde, im Winter, sonntags wie wochentags, mussten es gar nur 10 Liter sein. Und noch ein anderer Ausgleich musste geleistet werden: Weil den Bauern auf der Platte durch den Stausee Fläche abhanden gekommen war und auch weniger Wasser für die Wiesenbewässerung sowie für den Mühlenbetrieb zur Verfügung stand, bekamen sie vom Kraftwerkbetreiber alle Jahre Kunstdünger geliefert. Zwei der Plattenbauern bezogen überdies noch bis zum Jahr 1973 alljährlich 400 kWh Strom gratis.

Die Höfe waren nicht die Einzigen, die seit eh und je auf Wasser aus dem Zweribach angewiesen waren. Wasserkraft war auch schon früher gefragt. Unweit seiner Quelle, am *Bockhornbrunnen*, wurde sein Wasser schon im 13. Jahrhundert in den *Urgraben* abgeleitet, in einen 12 km langen Hangkanal, der bei sanftestem Gefälle quer durch die sommerseitigen Steilhänge und Falten des Kandels ins Suggental bei Waldkirch führte, um das dortige Silberbergwerk mit »Aufschlagwasser« für Pochen, Schmelzen und Waschanlagen zu versorgen. Ob der prächtigen Ausbeute im Berg sollen die Bergleute freilich der Sage nach übermütig geworden sein, in ausgehöhlten Brotlaiben getanzt und unziemliche Feste gefeiert haben.

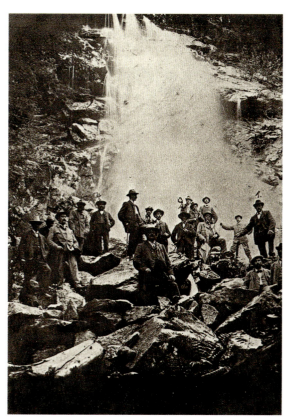

Der Wasserfall 1905 im Vollbesitz seines Wassers (Aufn. aus Chronik zum 75jährigen Jubiläum der Schwarzwaldvereinsortsgruppe St. Peter) – und was seit dem Kraftwerksbetrieb davon geblieben ist.

Zur Strafe für ihr gottloses Treiben wurden sie nach einem Wolkenbruch von einer Überschwemmungskatastrophe heimgesucht, die einzig ein Kleinkind überlebt haben soll; dessen hölzerne Wiege war im reißenden Wasser – wundersamerweise – von einer hin und her springenden Katze in der Balance gehalten worden. In der Folge verfielen nicht nur die Kanalanlage, sondern auch die Stollen, sodass der Zweribach fortan wieder sein Wasser behalten durfte. Am Bockhornbrunnen mit seinem auch an Hitzetagen noch eiskalten Wasserstrahl pflegen sich heute die Wanderer zu laben, seit den Nachkriegsjahren auch die Schwarzwaldvereinsjugend, die hier in Zeltlagern ihre Ferienfreizeit verbringt.

Dass seit dem Bau des Kraftwerks auch der Hirschbach in einer Hangleitung beigeleitet wird und also auch die weniger spektakulären Hirschbachwasserfälle nicht mehr so rauschen wie zuvor – denen seit den 1990er Jahren zudem auch noch durch Quellfassungen der Gemeinde St. Märgen Wasser entzogen wird –, blieb ohne Ausgleich; schon gar nicht wurden Pflichtwasserabgaben in Betracht gezogen. Ob sich Einbußen am Erlebniswert eines Wasserfalls und damit an der touristischen Attraktivität eines Wandergebiets überhaupt ausgleichen lassen? Wie gut, dass Fotos vom noch ungebändigten Zweribach nicht mehr im Umlauf sind (allenfalls noch in den Jubiläumsschriften der Ortsgruppe St. Peter des Schwarzwaldvereins), dass auch die Ansichtskarten vom schäumenden Wasserfall von einst, wie sie von den Wanderern am Brunehof erstanden werden konnten, längst nicht mehr zu haben sind! Wir allesamt, umweltpolitisch korrekte Bürger des 21. Jahrhunderts, sind bei energiewirtschaftlichen Eingriffen in Natur und Landschaft nachsichtiger und anspruchsloser geworden. Auch wenn die noch ungebändigten Schwarzwaldbäche, die noch wenig belasteten unverbauten Winkel der Erholungslandschaft immer rarer, touristisch wie volkswirtschaftlich damit umso wertvoller werden.

Der betriebswirtschaftliche Gewinn des Kraftwerks in Obersimonswald wurde in den 1990er Jahren mit einer halben Million Mark jährlich beziffert. Schon seit der Vorkriegszeit hatte die Firma Gütermann 21 Gemeinden bis nach St. Märgen hinauf mit Strom aus dem Zweribach versorgt. Flackernde Glühbirnen und Abende bei Kerzenschein aufgrund witterungsbedingter Stromausfälle glimmen denn auch in meinen Kindheits- und Jugenderinnerungen noch nach. Der Stromlieferant aus Gutach im Elztal expandierte in den frühen Wirtschaftswunderjahren zur weltgrößten Nähseidefabrik, und auch die Stromproduktion im Simonswäldertal hat sich als lukrativ erwiesen, denn Gütermann nutzte die Energie ja auch für den Eigenbedarf des Unternehmens. Das Zweribachwerk rechnete sich; auch noch, als Wasserkraftwerke großer Energieerzeuger infolge allzu bescheidener Einspeisevergütungen schon an den Rand des Ruins getrieben wurden. Noch waren Energiewende und Erneuerbare-Energien-Gesetz (EEG) in weiter Ferne.

Dennoch verkaufte das Unternehmen sein Stromnetz im Jahr 1973 an das Badenwerk. Als Folge der Globalisierung war die Nähseidefabrikation mehr und mehr in die roten Zahlen geraten, und schließlich trennte man sich auch vom Wasserkraftwerk. Ein bayerischer Unternehmer, offenbar mit ausreichend Weitblick und Kapital ausgestattet, erstand die Anlage 1996 für einen Betrag »zwischen sechs und sieben Millionen Mark«, wie Janzing weiß – ein Erlös, der zur Sanierung der Nähseidefabrik offenbar dringend benötigt wurde. Die Stromleitung quer durch den Bannwald hindurch, an Brugger- und Brunehof, auch am Heidenschloss vorbei hinauf zur Platte, war schon 1975 verkabelt worden. Bei all den Risiken eines sich selbst überlassenen Waldes würde eine Freileitung kaum zu unterhalten sein, erkannte man beim Badenwerk; im »Urwald von morgen« musste sie ohnehin als Stilbruch empfunden werden. Zwischenzeitlich ist von der Leitungsschneise nichts mehr zu erahnen.

Der Stausee oben auf der Platte, dessen Fassungsvermögen kurz nach seiner Inbetriebnahme durch den Bau eines zweiten, höheren Dammes noch um einiges vergrößert worden war, avancierte bei fortschreitender Motorisierung zum beliebten sommerlichen Naherholungsgebiet der ganzen Region, sodass der Plattenwirt an den Wochenenden und zur Ferienzeit zunehmend mit Zufahrtsproblemen und mit Verstopfung der Parkmöglichkeiten rings um den Hof zu kämpfen hatte. Der Badebetrieb im braunen Moorwasser aus dem Quellbereich des Zweribachs hatte längst Kultstatus erlangt, nicht nur bei der Freiburger Studentenschaft. Auch ich habe in den 60er Jahren meine sommerlichen Examensvorbereitungen vorwiegend auf der Staumauer absolviert, über die selbst in der Mittagshitze stets ein kühlender Luftzug strich; erst recht half ein Kopfsprung, die Hirnleistungen wieder aufzubessern.

Mittlerweile wird das Lagern zwischen den Kühen des Plattenwirts nicht mehr geduldet, das Baden im Plattensee ist behördlich untersagt – wegen kolibakterieller Verunreinigung, wie gemunkelt wird. Um nicht nur als Gastwirtschaft zu überleben, hat der Plattenhof einen großen neuen Hallenstall erhalten. Wäre der mit seinen Dachflächen um 90 Grad gedreht aufgestellt worden, hätten diese sonnseitig mehr Platz für die Gewinnung von Solarenergie geboten. So aber musste nun auch noch eine Bergehalle mit Pultdach errichtet werden. Der aufgestockte Viehbestand produziert mehr Gülle, was zu intensiverer Düngung der Wiesen führt, was wiederum der Artenvielfalt und der Kräuterapotheke auf den Weiden nicht bekommt, von der Wasserqualität im Stausee ganz zu schweigen – eine für das Höfegebiet des Hochschwarzwalds nicht untypische Abwärtsspirale.

Seit der Jahrtausendwende spiegeln sich im See nicht mehr die bunten Badetücher und Sonnenschirme, dafür die Rotoren von Windkraftanlagen. Denn die Platte ist mittlerweile zum Windpark geworden, entstanden eher als Zufallsprodukt denn als Resultat zielgerichteter Landschaftsplanung – fast so, als habe das Gebiet mit der Nutzung des Zweribachs sein Soll in Sachen regenerativer Energiegewinnung nicht schon übererfüllt gehabt! Die Standortsuche war 1996 durch die Bauvoranfrage eines Kinzigtäler Unternehmers ausgelöst worden, der ausgerechnet auf dem Kandelgipfel eine Windkraftanlage errichten wollte; ein Vorhaben, das beim heimatverbundeneren Teil der Waldkircher Bürgerschaft einen

Der Plattenweiher, bis in die 1990er Jahre beliebter Badesee, dann wegen fäkaler Verunreinigungen mit Badeverbot belegt.

Der Plattenhof nach der Energiewende

Aufschrei ausgelöst hatte. Mochte ihr Hausberg durch seinen massentouristischen Ansturm, durch Hotels, Motorradfahrerhorden, Drachenflieger und Skisportler noch so vorbelastet sein: Nie und nimmer, so wurde argumentiert, fände eine Windkraftanlage dort oben die erforderliche Akzeptanz in der Bevölkerung ringsum. In Fällen wutbürgerlicher Erregung wie diesem pflegt man eine Arbeitsgruppe einzuberufen – tunlichst unter Einbindung des privaten Naturschutzes wie auch des Kreisbeauftragten für Naturschutz – mit dem Auftrag, standörtliche Alternativen aufzuzeigen. Fündig wurde man zur allgemeinen Erleichterung auf den Höhen um Freiamt wie auf der dem Blick der Talbewohner entzogenen, abgewandten Seite des Kandels, auf der Platte. Noch im nämlichen Jahr stimmte der Simonswälder Gemeinderat der Bauvoranfrage zu, verfügte man doch bereits über Erfahrung mit den Segnungen der Energiegewinnung. Dank der inzwischen in Kraft getretenen baugesetzlichen Privilegierung konnte der Bauantrag für drei Anlagen im Jahr 1999 widerspruchslos durchgewunken werden; die Fortschreibung des Flächennutzungsplans zur Positivausweisung der Platte als Windkraftstandort, eine Formalie nur noch, erfolgte posthum im Jahr 2001.

Da standen sie nun, die ersten Windkraftanlagen, drei technisch bereits veraltete Maschinen, wie sich zu spät herausgestellt hat. Weil sie »nicht die Leistungsangaben der Prospektangaben erfüllen«, vergab die Universität Stuttgart Studien und Diplomarbeiten mit dem Ziel, »die Ursachen des Nichterreichens der Leistungskurve« zu erforschen. Immerhin hatten die Behörden im Rahmen der naturschutzrechtlichen Genehmigung wie einst am Wasserfall an Ausgleichsmaßnahmen gedacht: 10 000 DM flossen in Biotoppflegemaßnahmen im Naturschutzgebiet »Häuslematt«, einem der Quellmoore des Zweribachs, und weitere 5000 DM an die zuständige Ortsgruppe des Schwarzwaldvereins zur Verbesserung der Wanderwegmarkierung. Für ein Linsengericht war es gelungen, die sonst so wehrhafte Front der Heimatschützer aufzubrechen.

Weil die Landschaft nun aber schon einmal mit Windrädern »vorbelastet« war, entschloss sich auch der Gemeindeverwaltungsverband St. Märgen – St. Peter – Glottertal zur Positivausweisung auch des sanktpetrischen Anteils an der Platte. Seit 2002 drehen sich dort die Flügel einer vierten, moderneren und noch größeren Windmühle, betrieben und finanziert durch den Gschwenghofbauer. Dessen unternehmerischer Mut, befeuert von den Segnungen öffentlicher Investitionsförderung, der steuerlichen Verlustzuweisung und des Stromeinspeisungsgesetzes, sollte sogleich belohnt werden, wie die Badische

Zeitung vom 30. Dezember 2002 berichtet: »Wenige Tage vor der offiziellen Inbetriebnahme der hofeigenen Windkraftanlage zeichnete der Landschriften-Verlag den Gschwinghof, St. Peter, als beliebtesten Ferienhof Baden-Württembergs aus.« Zuvor schon war im Schwarzwälder Boten über die priesterliche Weihe der Anlage berichtet worden. Den Berichterstatter dünkte sie »ein beeindruckendes Symbol gewachsener bäuerlicher Tradition im Strukturwandel der ländlichen Zukunft«.

Symbolkraft hin oder her – inzwischen drehen sich auf der Platte, sofern nicht gerade altweibersommerliche Flaute oder aber kontinentweit Windstrom-Überproduktion herrschen, die Rotoren von neun Anlagen, eine höher als die andere. Die jüngsten beiden erreichen mit ihren Rotorblättern eine Gesamthöhe von gegen 200 m. Einer der Giganten erhebt sich unweit des Bockhornbrunnens, was dem Eigentümer des nächstgelegenen Hofs inzwischen gesundheitlich zuzusetzen beginnt und ihn in die Arme der in St. Märgen ansässigen *Bürgerinitiative zum Schutz des Hochschwarzwalds e. V.* getrieben hat. Ob der Takt der Rotoren, deren Schlagschatten und das nächtliche Blinken der Positionslichter auch die Jugendlichen des Schwarzwaldvereins in ihren Zelten zu nerven vermögen, ja ob der Zeltplatz verlegt werden muss, ist noch nicht ausgemacht.

Alles nur eine Frage der Gewöhnung? Den Preis der Energiewende bezahlt die Landschaft, was manch einem bitter aufzustoßen pflegt. Die zum Windpark mutierte Naturparkidylle rund um den Plattensee, die Seelenlandschaft aus studentischen Zeiten, beginnt sich dem landschaftlichen Wunschbild unserer Regierenden anzugleichen: Diesseits des Simonswäldertals neun, jenseits, auf Gütenbacher Gemarkung, fünf weitere Symbolträger der Moderne. Erst recht gewöhnungsbedürftig ist der Fernblick von Süden her: Die Doppeltürme der St. Märgener Wallfahrtskirche erscheinen nunmehr vor dem Hintergrund eines neuartigen Golgatha! Dem »Herrgottswinkel

»Herrgottswinkel« mit neuer Skyline: das ehemalige Augustinerkloster St. Märgen

Windräder über der Wildnis

des Schwarzwalds« ist nicht mehr zu helfen, mag die Gemarkung des einstigen Augustinerklosters auch noch im Jahr 2001 als *Landschaftsschutzgebiet St. Peter St. Märgen* ausgewiesen worden sein, dessen Verordnung alle Handlungen verbietet, »die den Charakter des Gebiets verändern oder dem Schutzzweck zuwiderlaufen, insbesondere, wenn dadurch […] das Landschaftsbild nachhaltig geändert oder die natürliche Eigenart der Landschaft auf andere Weise beeinträchtigt wird«.

Wie es aussieht, haben sich nun also auch all die Spätromantiker, Berggänger, Wildnissucher und Kulturflüchter, die es in den »Urwald« des Zweribachs zieht, an den Anblick der Windkraftanlagen zu gewöhnen. Der bleibt ihnen nicht erspart, sobald sie den felsigen Steig am Hirschbachwasserfall vorbei hinaufgestiegen sind, um von der Kanzel des Hohwartfelsens aus die Vogelperspektive zu genießen.

Man wünschte sich, der Priester aus St. Peter, der im Jahr 2002 die Windmühle des Gschwenghofbauern segnete, hätte es zuvor seinem Amtsbruder, dem Abt Ignazius Speckle, nachgetan, der anno 1802 zu Pferd und zu Fuß den Zweribach aufgesucht hatte. Womöglich hätte er, nach einem Blick von hier oben auf die Urwaldwildnis hinab und hinüber zur gegenüberliegenden Hangkante mit den sich dort ins Bild drängenden weißen Stiften und den sich daran drehenden Rotoren, seine Segensworte doch noch ein bisschen überdacht.

Während sich die Höhenlandwirte droben auf der Platte in der Rolle von Energiewirten neu erfunden haben und sich im Talkessel des Zweribachs die 400 Jahre währende Ära landwirtschaftlicher Nutzung vollends dem Ende zuneigt, tut sich zuunterst im Tal der Haldenschwarz zunehmend schwer damit, als Bergbauer zu überleben. Sein mit Schwarzwälder

Beharrlichkeit immer wieder bei der Behörde gestellter Antrag, man möge ihm zum Betrieb einer Turbine doch das Wasserrecht wieder zuerkennen, das er einst zum Betrieb seiner Mahlmühle besessen hatte, wird seit Jahren abschlägig beschieden. Denn die Mühle hat er inzwischen zur Ferienwohnung ausgebaut, und so wird wohl weiterhin nichts werden aus der Eigenproduktion sauberer Energie. Weshalb sich die Nachteile seines Standorts – die Steilheit seiner Mähwiesen und das im Winterhalbjahr kaum je von der Sonne erreichte Schattenloch am Bach – auch künftig nicht wettmachen lassen werden, weder durch die *Ausgleichszulage für von der Natur benachteiligte Gebiete* noch durch das Landschaftspflegegeld nach der Landschaftspflegerichtlinie noch mit der Beihilfe des Landschaftserhaltungsverbands.

Einstweilen wollen dem Haldenschwarz die innovativen Ideen dennoch nicht gänzlich ausgehen: Unlängst ist er damit sogar bundesweit in die Schlagzeilen geraten. Weil die junge Bäuerin aus Breitnau stammt, vom Sonnenbalkon des Hochschwarzwalds, und ihr das winterliche Schattendasein aufs Gemüt zu schlagen drohte, musste er sich etwas ganz Spezielles einfallen lassen: Er montierte am Sommerhang drüben einen großen, digital gesteuerten Spiegel, der selbsttätig mit dem Sonnenstand zu wandern vermag. So präzise hat er ihn dimensioniert, montiert und programmiert, dass die Wohnstube nun auch im Winterhalbjahr Sonnenlicht erhält – und die Haldenschwarzbäuerin seither nicht mehr Gefahr läuft, trübsinnig zu werden, was sie in einem Telefoninterview mit der *Süddeutschen Zeitung* heiter bestätigte. Selbst in den Hamburger Redaktionsstuben der Wochenzeitung *Die Zeit* und von *spiegel-online* wurden über den Einfall ihres Mannes anrührende Berichte geschrieben, und sogar das Fernsehen war da. Ein Lichtblick allemal für den auf der Schattenseite gelegenen Hof und eine Top-Werbung für die Ferienwohnung in der einstigen Mühle nebenan!

[1] Janzing, B.: Baden unter Strom – Eine Regionalgeschichte der Elektrifizierung. Vöhrenbach, Doldverlag, 2002.
[2] Im »Kampf um die Wutachschlucht« wurde 1953 die Arbeitsgemeinschaft Heimatschutz Südbaden gegründet, die in den 1960er Jahren 130 Mitgliedsorganisationen und ca. 130 000 Mitglieder vertrat, bis 1977 unter dem Vorsitz von Fritz Hockenjos.

Ein Lichtblick für den auf der Schattenseite gelegenen Haldenschwarzhof

Schneiteleschen am Gschwanderdobelhof um 1950 (Aufn. F. Hockenjos)

Kapitel 8
Futter vom Baum – die Schneitelwirtschaft

Innerhalb der Bannwälder, leider aber auch vielfach anderenorts im Schwarzwald sind derartige Natur- und Kulturdenkmäler nicht nur naturgewollt, sondern auch im ganzen zum Aussterben verurteilt. Ohne die Erhaltung der entsprechenden Wirtschaftsform dürfte dies auf längere Sicht kaum zu verhindern sein.

Thomas Ludemann: Im Zweribach. 1992[1]

Am ehesten noch kommen uns die verstrubbelten Frisuren von Erlkönigs Töchtern, den »Kopfweiden«, in den Sinn, wenn vom Schneiteln von Bäumen die Rede ist. Oder ist es der Hainbuchenzaun des Nachbarn? Spätestens die elektrische Gartenschere dürfte dafür gesorgt haben, dass das Verb »schneiteln« vollends aus dem Sprachschatz verschwunden ist. Schon gar nicht mehr ist uns bewusst, dass die »Schneitelwirtschaft« einst maßgeblich mit zum Überleben der Schwarzwälder Bergbauern beigetragen hat.

Im Schwarzwald waren es vor allem Eschen und Bergahorne, aber je nach Standort auch Ulmen und Linden, die geschneitelt wurden. Mit ihren armleuchterartig abstehenden Ästen standen sie zumeist in Hofnähe, auf der Hausmatte, aber auch zerstreut auf den bewässerten Mähwiesen, seltener auf den peripher gelegenen Weidfeldern. Ihr charakteristisches Aussehen verlieh ihnen der in drei- bis vier-, mitunter sogar in zweijährigem Turnus erfolgende Schnitt der Triebe an den verdickten Astenden. Noch während des Weidgangs, vornehmlich im Spätsommer, wenn die Wiesen nicht mehr viel Futter hergaben, wurden die nachgewachsenen Äste mit der Heppe oder dem Fuchsschwanz heruntergeholt, sodass sich das Vieh am Laub gütlich tun konnte. Verfüttertes Eschenlaub versprach eine fettreichere Milch und färbte die Butter gelb. Später wurden die trockenen Äste auf dem Wellenbock mit der Heppe zu Reiswellen verarbeitet für die Beheizung des großen Stubenofens, der Kunst, oder des Backhauses.

Am Brunehof wurde, noch heute erkennbar an den knuffigen Astenden, auch die Hoflinde geschneitelt, freilich in längeren Intervallen, denn blühende Sommerlinden waren als Bienenweide unersetzlich und lieferten überdies den Tee, der den quälenden Reizhusten der Bäuerin in der »Rauchkuchi« lindern half. Wie auch den Katarrh des Bauern, den er sich bei der schweißtreibenden Feld- und Waldarbeit einzufangen pflegte. Wie das Schneiteln vonstatten geht, lässt sich noch immer am Langeckerhof oberhalb des Bannwalds studieren. Der Geobotaniker Thomas Ludemann hat hier einer Schneitelesche in 5 m Höhe eine Stammscheibe entnommen und jahrringanalytisch untersucht. Er kam dabei auf 157 Jahrringe (1840–1996) mit 25 abrupten Zuwachseinbrüchen, denen jeweils wieder eine Phase kontinuierlich zunehmenden Dickenwachstums folgt. So lässt sich denn an der Aufeinanderfolge enger und weiterer Jahrringe die Nutzungsgeschichte ablesen: Nach einer

Im Frühjahr nach dem Schneiteln im vorherigen Spätsommer treibt die Esche wieder aus.

Schneiteleschen beim Langeckerhof

langen Phase mit einem Schneitelintervall von zumeist drei Jahren folgen nur noch sporadische Rückschnitte und eine besonders lange Erholungsphase ab dem Jahr 1961. Seitdem scheint dem Langecker das Beklettern seiner Eschen und das Heruntersägen der Äste in kurzen Intervallen offenbar gar zu arbeitsaufwendig geworden zu sein, bestenfalls eine Kürübung, auf die das wirtschaftliche Überleben des Hofs nicht mehr zwingend angewiesen war. Nicht nur die vergrößerte Blattmasse, auch die verbesserte Nährstoffversorgung der Wiese zeichnet sich auf der Stammscheibe ab, die man inzwischen glatt poliert im Treppenhaus des Freiburger Instituts für Geobotanik besichtigen kann.

Eine zweite, von den Freiburger Geobotanikern analysierte Esche steht am Bruggerhof; sie weist an der Stammbasis sogar 202 Jahrringe mit 30 abrupten Zuwachseinbrüchen auf – synchron zur Hof- und Nutzungsgeschichte: Ab etwa 1890 bleibt dem Baum durch die kurzen Schnittintervalle kaum noch Zeit zur Regeneration. Dann folgt jedoch eine Phase, in der die breitesten Jahrringe gemessen wurden: Die Schneitelung war nun nur noch in extensiver Weise erfolgt. Es waren dies die Jahre, kurz bevor der Hof an den Staat verkauft worden ist. Doch mit dem neuen Pachtverhältnis wird die Schneitelwirtschaft wieder aufgenommen, mitsamt ihren negativen Begleiterscheinungen für das Dickenwachstum des Stammes. Ein besonders radikaler Rückschnitt muss im Zweiten Weltkrieg erfolgt sein, der zu einem Tiefpunkt des Zuwachses geführt hat. 14 Jahre nach diesem Einschnitt legen die Jahrringe wieder zu, um erst nach 20 Jahren das Ausgangsniveau wieder zu erreichen – auch hier ein Spiegelbild der Hofgeschichte: Ende der 1930er Jahre kam es zu Problemen mit der Weiterverpachtung, und der Hof stand einige Zeit leer, ehe er 1940 an einen Holzhauer vermietet werden konnte, der die Schneitelung nicht mehr regelmäßig fortsetzte. Im Herbst 1956 und/oder 1959 erfolgte letztmals ein Rückschnitt, denn 1963 warf der Pächter das Handtuch. Sein Nachfolger arbeitete im Sägewerk in Wildgutach und war auf die Nutzung der Esche nicht mehr angewiesen; erst recht nicht die Wochenendler, die das Haus ab 1972 übernahmen. Der Baum wuchs derweil in den Waldbestand ein, erreichte 1970 nochmals ein Maximum seines Wachstums, das sich in der Folge jedoch durch zunehmende Beschattung immer weiter reduzierte.

Ein Sturmereignis des Jahres 1997 hat die Esche zwar überlebt, doch erlitt sie starke Kronenschäden. Der letzte dokumentierte Jahrring, derjenige von 1998, fällt dementsprechend überaus bescheiden aus.

Als am Ende des 19. Jahrhunderts der Staat die beiden Höfe, den *Bruu* und den *Brucker,* übernahm, waren sie zuvor (wie im Kapitel 4 bereits ausgeführt) einem peniblen Bewertungsverfahren unterzogen worden, bei welchem sogar jeder einzelne Obstbaum aufgelistet und in die Wertberechnung eingeflossen ist, nicht anders als Haus, Feld und Wald. Von den Schneitelbäumen ist nicht die Rede, allenfalls finden »etliche kurze wertlose Ahorne, Eschen, Linden« Erwähnung. Denn als Wertträger, gar als zukünftiges Schreinerholz taugen die verkropften Bäume mit ihren Kandelaberästen nun einmal überhaupt nicht. Für die Wertermittlung waren sie so unergiebig wie die Weidbuchen, das andere Charaktermerkmal Südschwarzwälder Weidelandschaft. Deren Ausschlagvermögen an den Astansätzen ist beschränkt, weshalb sie sich für das Schneiteln kaum eigneten, so bizarr sie sich ansonsten unter der Schere des Weideviehs zu entwickeln vermögen. Einige wenige Weidbuchen lassen sich auch im Zweribach noch finden, längst eingewachsen im Wald, aber noch unverkennbar in der gedrungenen Gestalt im Freistand solitär erwachsener Bäume. Eine besonders stattliche Weidbuche, die oberhalb des Bruggerhofs überlebt hat, wurde von Thomas Ludemann untersucht, der ihr Alter aufgrund der erfassten mittleren Jahrringbreite auf bis zu 300 Jahre schätzt – eine Zeitzeugin, deren Jugend noch in die frühe landwirtschaftliche Nutzungsphase des 17. Jahrhunderts zurückreicht. Auch ihre Jahre sind gezählt: Erst unlängst brach ihr wieder ein gewaltiger Ast aus der Krone, der nur knapp die junge Tanne verfehlte, die sich unter der Buche eingefunden hatte und jetzt darauf wartet, das buchene Kronendach endlich durchstoßen zu können.

Eingewachsener Schneitelahorn auf der einstigen Mähwiese des Brunehofs

Am Fußsteig hinauf zum Hirschbachwasserfall und zum Hohwartfelsen, fernab der heute noch befahrenen Viehweide, steht unverkennbar der Rest einer zweiten, einst stattlichen und solitär erwachsenen Weidbuche. Auch sie ist mittlerweile ein Sinnbild der Vergänglichkeit: Der Zunderschwamm sitzt ihr schon im Holz, wie sich denn auch schon die Fruchtkörper weiterer Pilzarten zeigen. Der Sterbevorgang von Buchen ist unumkehrbar; er pflegt weitaus rascher vonstatten zu gehen als derjenige von Tannen oder Eichen, erst recht am Ende die Zersetzung und Verrottung.

Am Langeckerhof, knapp oberhalb der Bannwaldgrenze, werden die Eschen, wie der junge Langecker versichert, vorerst also weiter geschneitelt, als handele es sich um eine Liebhaberei, von der man, Macht der Gewohnheit, nicht mehr lassen kann. Spätestens alle fünf Jahre, verspricht der Jungbauer, sollen sie auf der Hausmatte am Steilhang unterm Haus geschoren werden. Das Vieh scheint das Eschenlaub nach wie vor als willkommene Abwechslung zu schätzen. Wenn dann die Langeckerbäuerin die Butter aus dem

Zusammenbrechende Weidbuche
oberhalb des Bruggerhofs

hölzernen Model stülpt, ist sie kräftiger gefärbt als sonst. Und die Reiswellen aus Astholz werden weiterhin die Kunst wärmen.

[1] Ludemann, T.: Im Zweribach. Vom nacheiszeitlichen Urwald zum »Urwald von morgen«. Beih. Veröff. Naturschutz Landschaftspflege Bad. Württ. 63, Karlsruhe 1992.

Am Langeckerhof wird weitergeschneitelt

Ahorn-Impressionen

Im Fichtenforst aus dem Jahr 1955 hat sich der Bergahorn eingefunden – ein erster Schritt zum Bergmischwald

Farnwuchs auf ehemaligem Schneitelahorn

Auffällig nur vor Laubausbruch: blühender Spitzahorn im Haldenwald

Gespalten: Stammfuß eines
Bergahorns

Zunderschwämme – Insignien naturnaher Bergmischwälder

Kapitel 9

Zunderschwämme und andere Holzzersetzer

In natürlichen oder naturnahen Wäldern wurden viel mehr Fruchtkörper, aber auch Arten von holzabbauenden Pilzen gefunden als in forstwirtschaftlich stark genutzten Wäldern. Einige Arten treten nur dann auf, wenn vorher bestimmte andere Arten das Totholz besiedelt haben. Solche Abfolgen von Pilzarten sind störungsanfällig und die letzten Stadien kommen oft nur in Urwäldern vor. Totholzreiche Wälder haben somit eine besondere Bedeutung für die Erhaltung einer reichen Pilzflora.

Urs-Beat Brändli, Jaroslaw Dowhanytsch:
Urwälder im Zentrum Europas. 2003[1]

Neben Spechthöhlen gehören Zunderschwämme *(Fomes fomentarius)* zu den auffälligsten Insignien naturnaher Buchen-Tannen-Wälder und reifer Ökosysteme. Die grauen, pferdehufartigen Konsolen an Buchenstämmen sind untrügliche Schwäche- und Alterserscheinungen; am stehenden wie am liegenden Stamm zeigen sie den Beginn der Holzzersetzung an. Das Pilzmyzel erzeugt die gefürchtete Weißfäule, den Albtraum aller Verkehrssicherungspflichtigen, und führt zu rascher Holzentwertung, weshalb Schwammbuchen einst im Zuge der »sauberen Forstwirtschaft« auch ausgehauen wurden. »Da die Ansteckung durch die in großer Zahl erzeugten Sporen erfolgt, wenn diese eine passende Keimstätte in Astwunden, Schälrissen und dergleichen finden«, so steht es noch im *Handbuch der Forstwissenschaft* von 1912,[2] »so erscheint baldmöglichste Entfernung der Schwammbäume um so mehr geboten, als der Zersetzungsprozeß in deren Innerem raschen Fortgang zu nehmen droht.« Fritz Schwerdtfegers Standardwerk über die Waldkrankheiten, erschienen im Jahr 1944,[3] sieht die wirtschaftlichen Risiken durch Schwämme bereits gelassener: Der Schaden sei, da nur Einzelbäume befallen werden, im Allgemeinen eher gering.

Ob als Folge waldhygienischer Säuberungsbeflissenheit oder weil die natürliche Alterung der Bäume im Wirtschaftswald allzu früh durch die Holzernte abgestoppt wird: Baumschwämme sind in gepflegten Wäldern eher selten anzutreffen. Das dürfte sich in Zukunft zumindest im baden-württembergischen Staatswald ändern, denn im Zuge des dort neuerdings aufgelegten *Alt- und Totholz-Konzeptes* sollen Inseln alter und absterbender Bäume, auch Einzelbäume ausgewiesen werden und dauerhaft dem Wald erhalten bleiben bis zu ihrem natürlichen Ende. Wenn die Rechnung der Pilzexperten, der Mykologen, stimmt, war das Einsammeln und Beseitigen von Schwämmen aus Gründen der Waldhygiene in Wahrheit ohnehin noch nie von Erfolg gekrönt: Ein einziger Fruchtkörper von *Fomes fomentarius* soll an einem einzigen Sommertag imstande sein, 30 Milliarden [!] Sporen zu verbreiten.

Die Seltenheit des Zunderschwammes in Wirtschaftswäldern dürfte demnach auch nicht dem Umstand anzulasten sein, dass der Pilz noch im 19. Jahrhundert ob seines schier universellen Gebrauchswerts ein gesuchter Rohstoff war: Vor allem für die *Zundelmacher*, erst recht für die in Todtnau angesiedelte industrielle Zunderfabrikation. An die weithin in Vergessenheit geratene Existenz »einer eigenartigen, aber schon in den siebziger Jahren des vorigen Jahrhunderts erloschenen Industrie« erinnert eben noch die 1948 von K. Müller herausgegebene Feldberg-Monographie:[4] Der Baumschwamm sei noch zu Beginn des 19. Jahrhunderts in den Waldungen bei Todtnau häufig gewesen. Als er seltener geworden sei, habe man den Rohstoff »in Ballen von je vier Zentnern aus Ungarn, Siebenbürgen und Südslavien bezogen«. Anfangs des 19. Jahrhunderts habe es in Todtnau noch vier Zundelmacher gegeben, ab 1827 seien Mützen und Westen aus Zunder dann fabrikmäßig hergestellt worden. 1871 habe eine der Fabriken noch 750 Zentner Zunder gefertigt. Mit dem Aufkommen der Zündhölzer habe die Zunderherstellung ihr Ende gefunden.

Zuletzt in den *Monatsblättern des Badischen Schwarzwaldvereins* vom August 1926, in einem Beitrag von W. Fladt,[5] findet sich Näheres über das sorgfältig gehütete Geheimnis der Zunderherstellung: Die Zundelbüchse mit Feuerstein und Feuerstahl sei, wenn nicht das älteste Werkzeug, so doch das älteste Feuerzeug der Menschheit gewesen. Zunder (oder Zundel) habe darüber hinaus zur Blutstillung getaugt, ob seiner Weichheit und Geschmeidigkeit auch als Unterlage bei chirurgischen Bandagen. Die Kunstmaler hätten den Schwamm zum Verwischen der Kohle bevorzugt, doch weitaus bedeutender sei die aus Zunder hergestellte Kleidung gewesen. Je nach Verwendungszweck habe man den Rohstoff mit Zusätzen versehen, ihn gekocht, gebeizt und getrocknet. Dem Feuerzunder sei beim Kochvorgang Salpeter beigegeben worden, was die Brennbarkeit verbesserte. Die handtellergroßen Pilzlappen habe man durch Klopfen mit dem Holzhammer, durch Kneten, Walken, Ziehen und Schlagen für die späteren Zwecke präpariert. Die nahtlosen Schwarzwälder Zundelkappen »in Form der aus der Biedermeierzeit bekannten Servicekäppchen«, die sich auch als Mittel gegen Kopfschmerzen bewährt hätten, seien 1873 sogar auf der Wiener Weltausstellung gezeigt worden. Nach Auskunft der *Badischen Gewerbezeitung* sei im Jahr 1874 ein so gewaltiges Stück Naturschwamm zur Verarbeitung gekommen, dass man daraus einen Talar für den Freiburger Erzbischof gefertigt habe, nahtlos und aus einem Stück!

Auch in Friedrich Oltmanns *Pflanzenleben des Schwarzwalds*, 1922 herausgegeben vom Badischen Schwarzwaldverein, finden sich noch ein paar spärliche Hinweise auf die große Zeit der Zunder-

Der Rotrandige Baumschwamm lebt auch an Nadelbäumen

Krause Glucke, parasitische Pilzart, die an Nadelbäumen die Braunfäule hervorruft

schwämme. Vor allem im Todtnauer Raum seien sie eifrig gesammelt worden. Womit der Pflanzensoziologe nicht nur dessen Buchenreichtum anspricht, sondern auch das Vorkommen von letzten, für die Holznutzung noch wenig erschlossenen Nischen mit Naturwaldcharakter in den Falten des Feldbergmassivs. Oltmann vergaß jedoch nicht zu erwähnen, dass man auch im »Hirschen« in St. Peter die Pilzkörper zahlreich an der Stubendecke aufgehängt finde, zum Trocknen und zum Zweck späterer Verarbeitung. Wir gehen wohl nicht fehl in der Annahme, dass sie vorwiegend im Zweribachkessel gesammelt worden waren. Eben daher bezogen die Schulbuben von St. Peter und St. Märgen (so auch noch ich selbst) vorzugsweise ihre »Osterschwämme«. Mit an Drähten aufgereihten, glimmenden und qualmenden Zunderschwämmen, so will es der fromme Brauch,[6] zogen sie am Karsamstag von Haus zu Haus, um deren Bewohner vor Ungemach zu beschützen – und um das Taschengeld zum Osterfest aufzubessern. Johann Peter Hebels Zundelfrieder und Zundelheiner, die Schelme aus dem Wiesental, dürften auch so begonnen haben.

Pilzbesetzte Strünke, die untrüglichen Anzeiger und Gradmesser für Naturnähe, sollen künftig auch in Wirtschaftswäldern wieder vorkommen dürfen – zumindest wo ihre Wirte nicht die Verkehrssicherheit oder die Arbeitssicherheit bei der Holzernte gefährden: Fünf bis zehn Festmeter Totholz je Hektar sind zu tolerieren, so wollte es ein Merkblatt *Lebensraum Totholz* der Freiburger Forstlichen Versuchs- und Forschungsanstalt aus dem Jahr 1993. Daraus wurden bis zum Jahr 2008 »fünf bis zehn Prozent des lebenden Holzvorrats«, was 20 bis 60 Festme-

Ob an liegenden oder stehenden Stämmen, die Konsolen der Baumschwämme entwickeln sich stets in der Horizontalen

tern je Hektar entspricht. Mehr als 1300 Käfer- und rund 1500 Pilzarten seien auf das Vorhandensein von Totholz angewiesen, von den nicht minder darauf spezialisierten Moosen und Flechten, Vögeln und Kleinsäugern einmal ganz abgesehen. Allein die Fruchtkörper der Baumschwämme bewirten gegen 50 Arten des Kleinen Schwammkäfers. Es wimmelt nur so von Schwamm- und Totholzspezialisten, und alle wirken sie mit im unfassbar komplexen Getriebe und Geflecht des Ökosystems.

Im Jahr 1999 wurde der Bannwald Zweribach letztmals einer Inventur[7] unterzogen. In 99 Probekreisen (nach einem Stichprobenpunktraster von 50 × 100 m) wurde, getrennt nach den Hauptbaumarten Buche, Fichte und Tanne, der Holzvorrat des lebenden Bestands wie auch des stehenden und liegenden Totholzes ermittelt. Pro Hektar der Bannwaldfläche wurde ein Vorrat an lebendem Bestand von 539 m^3 festgestellt, an stehendem Totholz 21 m^3, an liegendem 42 m^3, zusammen 63 m^3. Was nach Auskunft der jüngsten Bundeswaldinventur (BWI 3 aus dem Jahr 2012) mehr als dem Doppelten des derzeitigen baden-württembergischen Durchschnittswerts (28,8 m^3 je ha) entspricht. Im Bannwald befand sich über die Hälfte (51 %) des Totholzes in fortgeschrittenem, 37 % in bereits stark vermodertem Zustand. In Anbetracht all des vergleichsweise frischen Sturmholzes aus dem Jahr 1997 beweisen die dürren Inventurzahlen, dass sich der Wald um die Jahrtausendwende zumindest zu Teilen schon weit entfernt hatte vom Regelzustand wie von der Struktur bewirtschafteter Wälder. Die beiden mit der Datenerhebung beauftragten jungen Taxatoren waren im unwegsamen Terrain, in den Felspartien und Stammverhauen gewiss nicht um ihren Job zu beneiden – es sei denn, auch sie wären dabei der Faszination neu entstehender Wildnis erlegen.

Am Ende des Zerfallsprozesses von Buchen-Totholz verschwinden die Fruchtkörper der Pilze

Ihr Zahlenwerk dürfte knapp anderthalb Jahrzehnte nach dessen mühsamer Erhebung bereits längst wieder überholt sein, denn die dynamischen Prozesse im Bannwald, auch die weitere Anhäufung von Totholz, sind nicht mehr aufzuhalten. Die »echten« Urwälder Europas, deren Relikte wir in den Alpen, in den Karpaten und Dinaren noch bewundern können, ebendort, woher die Todtnauer Zundelmacher zuletzt ihren Rohstoff bezogen haben, weisen Totholzvorräte von bis zu 200 m³ pro ha auf. Bis dahin mag es im Bannwald Zweribach noch dauern, doch offenbar ist er auf dem besten Weg dorthin.

Wie Zunder, so berichteten die Augenzeugen, hätten das Heidenschloss (1959) und auch der Brunehof (1984) gebrannt. »Heftig Zunder« pflegen auch die sommerlichen Bikerhorden ihren hochtourigen Maschinen zu geben, deren Röhren mitunter von der Landstraße nach Gütenbach hinauf bis in den Talkessel des Zweribachs herüberdröhnt. In derlei Redewendungen glimmen sie noch nach, die Zunderschwämme, auch wenn sich ihrer ansonsten kaum noch jemand erinnert.

[1] Brändli, U.-B., Dowhanytsch, J.: Urwälder im Zentrum Europas. Bern, Haupt Verlag, 2003.
[2] Handbuch der Forstwissenschaft. Tübingen, Laupp'sche Buchhandlung, 1912.
[3] Schwerdtfeger, F.: Die Waldkrankheiten. Ein Lehrbuch der Forstpathologie und des Forstschutzes. Berlin, Paul Parey, 1944.
[4] Müller, K. (Hg.): Der Feldberg im Schwarzwald. Freiburg, L. Bielefelds Verlag K.G., 1948.
[5] Zitiert nach Hockenjos, W.: Waldpassagen. Vöhrenbach, Doldverlag, 2000.
[6] Während der Brauch in St. Märgen schon fast in Vergessenheit geraten ist, hat er in St. Peter bis heute überlebt.
[7] Keller, F., Riedel, P.: Bannwald »Zweribach«. Erläuterungen zur Forstlichen Grundaufnahme 1999. Berichte Freiburger Forstl. Forschung Heft 31.

folgende Doppelseite: Pilzsukzession – Aufeinanderfolge verschiedener Pilzarten am stehenden Totholz: Fruchtkörper des Hallimaschs (braun) und des Rinden-Helmlings (weiß)

Bäume und Pilze – Schicksalsgemeinschaft und Charakteristikum reifer Waldökosysteme

Schmetterlings-Trameten

Ohrförmiger Seitling, auch »Engelsflügel« genannt, selten und sehr giftig

oben: Buchen-Schleimrüblinge (reifes Stadium)

Stockschwämmchen und Zunderschwämme (rechts)

Schwefelköpfe

Buchen-Schleimrüblinge in luftiger Höhe

Sparrige Schüpplinge

Hallimasch-Fruchtkörper, von Schimmelpilz befallen

Am Buchenstamm: Hunderte Fruchtkörper des Grünblättrigen Schwefelkopfs, am Stammfuß des Langstieligen Faserlings (in Weiß)

Birnen-Bovist, frische Fruchtkörper, darunter sporenentleerte Häute aus dem Vorjahr

Hallimasch mit voll aufgeschirmten Hüten

Rote-Liste-Art Tannen-Feuerschwamm, am Stammfuß Hallimasch

Ungewöhnliches Beieinander: Zunderschwamm, Rotrandiger Baumschwamm und eine (unbestimmte) Lackporling-Art

Porlinge (links) und Stäublinge

Kapitel 10
Wie aus Wiese Wald wird

Die Landesregierung wolle mitteilen, wie sie sich zu den Überlegungen stellt, durch das Zurückdrängen der natürlichen Sukzession oder des Waldes in Schwarzwaldtälern oder auch nur in Waldlichtungen, die über Generationen hinweg allmählich zugewachsen sind, das Erscheinungsbild der Landschaft hinsichtlich seiner Bedeutung für den Tourismus zu verbessern.

Landtagsdrucksache 12/4154 vom 17. Juni 1999

»Mit mir als Ministerpräsident«, so versprach im Spätjahr 2014 CDU-Landeschef Thomas Strobl anlässlich der parteiinternen Kandidatenvorstellung,[1] »wird nirgendwo ein Tal zuwachsen.« Im südlichen Schwarzwald hatte man sich noch nie mit politischen Absichtserklärungen abspeisen lassen: Mit Fördermitteln des Bundesamtes für Naturschutz (BfN) sind im Rahmen des *Naturschutzgroßprojekts Feldberg – Belchen – Oberes Wiesental* ein Jahrzehnt lang Entwaldungsmaßnahmen und nachfolgende Weideprojekte bezuschusst worden, und nun bemühen sich an die 30 Gemeinden um ein noch lukrativeres Anschlussprojekt, um die Auszeichnung als *UNESCO-Biosphärengebiet Südschwarzwald*. Die Offenhaltung der Landschaft: im Ländle ein hochnotpolitisches Dauerthema. »Verbuschung«, »Verbrachung« und »Verwaldung« sind hierzu die – negativ besetzten – Fachbegriffe, sind Behördendeutsch. Sie beschreiben den Vorgang der zumeist ungewollten, natürlichen Waldausbreitung, die zufallsgesteuert und in sehr unterschiedlichen Zeiträumen vonstatten zu gehen pflegt. Deutschland ist Waldland, und wenn der Mensch aus Deutschland verschwände, wäre das Land, wie es schon dem Forstklassiker Heinrich Cotta anfangs des 19. Jahrhunderts dämmerte, binnen kurzem wieder von Wald bedeckt. Nicht gemeint sind hierbei die Aufforstungswellen, die im Zuge des Strukturwandels immer wieder einmal, zuletzt nach dem Zweiten Weltkrieg, über die Kulturlandschaft hinweg gebrandet sind. Sie haben die Landesregierung im Jahr 1972 dazu veranlasst, ein *Landwirtschafts- und Landeskulturgesetz* (kurz: *Lw/KultG BW*) zu beschließen, mit welchem das Aufforsten einem behördlichen Genehmigungsverfahren unterworfen wurde, sodass die »Zuwaldung« seitdem wirksamer gesteuert und eingedämmt werden kann.

Wie Cottas düstere Vision sich bewahrheitet und vollzieht, wenn freilich auch auf bescheidener Fläche, lässt sich am Beispiel des Bannwalds Zweribach veranschaulichen. Der Vorgang ist fotografisch gut belegt: Im Sommer 1950 lichtete der Vater in Schwarzweiß seine drei Buben ab, wie sie über die frisch gemähte Wiese des Brunehofs traben. Im Bildhintergrund ist ein frei stehender Bergahorn zu erkennen, zweifellos einer der Schneitelbäume des Hofs, dessen Äste freilich schon etliche Jahrzehnte nicht mehr gekappt worden waren. Verbürgtermaßen vier Jahre nach Entstehung des Fotos, im Jahr 1954, ist die Landwirtschaft aufgegeben, die Wiese fortan sich selbst überlassen worden. Offenbar hat sie dem Propellersamen des Ahorns und der Eschen sowie dem geflügelten Samen der Hoflinde ein ideales Keimbett geboten. Denn als im Sommer 1975 das Motiv mit denselben Komparsen nachgestellt wurde, standen da drei junge Männer inmitten einer bereits über hüfthohen Eschen-, Ahorn- und Lindenjugend. Auch einzelne junge Fichten hatten sich eingefunden. Die Krone des Schneitelahorns im Bildhintergrund hat erkennbar zugelegt und stellt sich auf der Wiederholungsaufnahme um einiges ausladender dar.

13 Jahre später, im August des Jahres 1988, hatten sich die drei erneut zum »Fotoshooting« im Zweribach verabredet. Diesmal hatte der Fotograf bereits Mühe, den Originalstandort im dichten Eschen-, Ahorn- und Lindengestänge wieder aufzufinden.

Im Zeitraffertempo: Von den drei barfüßigen Buben des Jahres 1950, den Jungmannen von 1975, den gereiften Männern von 1988 sind 2012 zwei ältere Herren übrig geblieben; derweil ist aus der Mähwiese des Brunehofs ohne menschliches Zutun ein Laubmischwald entstanden.

Orientierungshilfe leisteten ihm die junge Fichte von damals wie auch der alte Schneitelahorn; der freilich war vom Standort des Fotografen aus schon nicht mehr einzufangen, denn er war im Dickicht des Gestänges abgetaucht. Von Nahem besehen, hatte seine bedrängte Krone einiges von ihrer Stattlichkeit wieder eingebüßt. Vom Brunehof, auf dessen einstiger Mähwiese nun schon ein veritabler Laubwald wuchs, stand derweil nur noch die kleine Kapelle; der Hof selbst war drei Jahre zuvor abgebrannt. Der Fototermin sollte zweien der Brüder als ein ebenso denkwürdiger wie trauriger Anlass im Gedächtnis haften bleiben: Auf dem Heimweg, an den Wasserfällen vorbei hinauf zum Langeckerhof, gestand der Älteste seinen Brüdern hustend und schnaufend, es stehe ihm ein höchst unangenehmer Klinikbesuch bevor.

Im Sommer 2009 waren es, nach weiteren 21 Jahren, nur noch zwei, die sich vor ihrem Motiv aufbauen konnten, um den Fortgang der Bewaldung zu dokumentieren, beides bereits ergraute Ruheständler, der eine vormals Forstamtsleiter, der andere Arzt; zur Wiederholungsaufnahme hatten sie ihrer jüngsten Schwester, der noch berufstätigen Lehrerin, die Kamera in die Hand gedrückt. Der Wald aus Eschen, Bergahorn und Linden, unter dessen Blätterdach sie standen, schien sich kaum mehr verändert zu haben seit dem letzten Fototermin. Erst auf den zweiten Blick zeigte sich ihnen, dass ihr Motiv ganz offensichtlich im Begriff war, sich nach Stammstärke zu differenzieren: Als habe eine Auslesedurchforstung nach den Regeln guter forstfachlicher Praxis stattgefunden, begannen die wuchskräftigsten und am besten veranlagten Individuen sich im Konkurrenzkampf durchzusetzen und die im Wachstum unterlegenen Stämmchen mit ihren Kronen zu bedrängen. Gebogene Dürrständer, die Verlierer im Prozess der Selbstdifferenzierung, würde gewiss der nächste Nassschnee vollends zu Boden drücken.

Försterliche Fremdhilfe hat im Totalreservat des Bannwalds strikt zu unterbleiben. Und dennoch scheint hier ein Wald heranzuwachsen, der weder

Der Brunehof und seine Wiese aus der Vogelperspektive: 1950 und 1975 (Aufn. F. Hockenjos) – und was daraus 2014 geworden ist

nach Wuchsleistung noch nach den gängigen Qualitätskriterien Wünsche offen lässt – den Förstern ein Fingerzeig, wozu auch ungesteuerte Natur mitunter fähig ist – und wo demnach Pflege- und Durchforstungsaufwand durch »biologische Automation« ersetzt werden kann. Doch nicht nur die Baum-, auch die Krautschicht ist mittlerweile im Begriff, sich je nach Standort zu differenzieren und anzupassen: Die frischeren, sickerfeuchten Hangpartien hat flächenhaft die blassviolett blühende Mondviole *(Lunaria rediviva)* erobert, die Charakterpflanze des Schluchtwaldes. Im Spätsommer erscheinen ihre herzförmigen und gezahnten Blätter, als wären sie von Mehltau überstäubt; erst gegen den Winter hin, sobald sich die Schoten ihres Samens vollends entledigt haben, beginnt das Nachtschattengewächs, seinen volkstümlicheren Namen »Silberblatt« zu Recht zu tragen, denn nun glänzt es silbern unterm Ahorn-, Linden- und Eschendach. In die trockeneren und lichteren Partien des Hanges wandern derweil bereits Beschattung ertragende Tännchen und Buchen ein, auch Fichtenanflug stellt sich ein auf die Gefahr hin, alsbald wieder hinausgedunkelt zu werden, wenn sich das Kronendach weiter schließen sollte. Womit der Weg der Sukzession in den *Schlusswald* (die *Klimax-Waldgesellschaft*) vorgezeichnet ist, in dem wieder Buchen, Weißtannen und Fichten nebst Bergahorn, Esche und Bergulme dominieren werden – ganz so, wie wir uns den Urwald ausgangs des 16. Jahrhunderts vorzustellen haben.

Es sei denn, das von Förstern und Waldbesitzern so gefürchtete Eschentriebsterben macht, wie zuvor schon das Ulmensterben, auch vor dem Zweribach nicht halt, eine derzeit grassierende Erkrankung, hervorgerufen durch einen aus dem fernen Japan stammenden, in Europa erstmals im Baltikum nachgewiesenen Pilz mit dem so harmlos klingenden Namen »Falsches Weißes Stengelbecherchen«. Seine

Der entstandene Laubmischwald wird unterwandert: vom Silberblatt, einer Charakterart des Schluchtwaldes (links); und von Beschattung ertragenden Weißtannen und Buchen (unten)

die Evolution bei uns weder Zeit noch Gegenmittel gefunden hat. So geschehen im Falle des ebenfalls aus Ostasien stammenden Schlauchpilzes *Ophiostoma ulmi*, der zusammen mit dem Ulmensplintkäfer das Absterben der Bergulmen verursacht. Oder wie der scheinbar unaufhaltsame (von manchen Imkern begrüßte und sträflicherweise geförderte) Eroberungszug des aus dem Himalaya stammenden, fleischrot blühenden Drüsigen Springkrauts *(Impatiens glandulifera)*, das es bachaufwärts schon bis fast an die Bannwaldgrenze heran geschafft hat und die heimische Bachufervegetation zu verdrängen droht. Dagegen zählen die in einzelnen Exemplaren bis in den Bannwald eingewanderten Edelkastanien definitionsgemäß nicht mehr zu den *Neophyten*, wiewohl sie einst von den Römern importiert worden waren – auch sie mittlerweile bedroht durch einen Pilz: den aus Amerika eingeschleppten Kastanienrindenkrebs. Am liebsten verschweigen würden die Förster den Migrationshintergrund der aus den westlichen Küstenregionen der Vereinigten Staaten stammenden und seit anderthalb Jahrhunderten eingebürgerten Douglasie, die noch in den 1930er Jahren ihrer überragenden Wuchsleistung wegen auch am Steilhang

Die Esskastanie, bedroht durch den Kastanienrindenkrebs

Vom Ulmensterben dahingeraffte Altulme, junge Ulmen haben bislang überlebt

Verbreitung wird wie so viele andere Misshelligkeiten mit dem globalen Klimawandel in Zusammenhang gebracht. Allemal ist es die Globalisierung, die der Einschleppung invasiver Arten aus fernen Kontinenten Vorschub leistet, gegen deren Ausbreitung

Kraut mit Migrationshintergrund und enormer Ausbreitungstendenz: das aus dem Himalaya stammende Drüsige Springkraut

um den Hohwartfelsen angepflanzt worden ist; den *invasiven*, die heimische Waldgesellschaft bedrängenden Arten[2] wird man sie, hier jedenfalls, nicht unbedingt zurechnen müssen, auch wenn das Bundesamt für Naturschutz sie sehr zum Missfallen der Forstbranche so eingestuft hat.

Totgesagte leben bekanntlich länger: Die Weißtannen, immerhin, scheinen sich vom »Tannensterben« wieder prächtig erholt zu haben, nachdem die Schwefelsäurebelastung aufgrund verschärfter Umweltgesetze fast wieder auf ein vorindustrielles Niveau zurückgeführt werden konnte. Lediglich der Jahrhundertsommer 2003 hat etlichen von ihnen zugesetzt, gehäuft drüben am Sommerhang des Haldenwalds; als hätten sie Geweihe aufgesetzt, ragen einige Tannen-Dürrständer aus dem Blätterdach. Und wo sie Ersatzkronen gebildet haben oder nur noch schütter benadelt sind, hat sich auf ihnen die schmarotzende Tannenmistel eingenistet. Schlimmer traf es damals die Fichten, die plötzlich zuhauf rot entflammten, weil sie vom Buchdrucker befallen wurden, dem Fichtenschädling schlechthin. Den hatte zuvor erst der Orkan Lothar (1999) zur Massenvermehrung getrieben, sodass die Sommerhitze 2003 eben zur rechten Zeit gekommen war. Die bleichen Fichtenskelette fallen inzwischen kaum mehr ins Auge, die meisten sind längst in sich zusammengebrochen und tragen zur Vermehrung des liegenden Totholzanteils bei.

So ganz lassen sich halt auch in der Wildnis des Zweribachs die von Menschen verursachten Einflüsse des Klimawandels und der Globalisierung nicht ausblenden. Doch selbst für die Bergulmen scheint es noch Hoffnung zu geben: Erst im Spätherbst, ehe auch sie schließlich, als letzte der Laubbaumarten, ihr leuchtend gelbes Laub verlieren, fällt auf, wie viele bislang im Schluchtwald überlebt haben. Zwar sind es zumeist jüngere Exemplare, doch vielleicht erweist sich ja eines von ihnen plötzlich, allen Unkenrufen der Pflanzenpathologen zum Trotz, als resistent gegen Pilz und Käfer.

Resistenz ist auch den Eschen zu wünschen. Sollten sie aber auch hier, auf des Brunehofs vormaliger

Wiese, der Pilzkrankheit zum Opfer fallen, bekäme die Sukzession einen neuen Drall, wovon andere, lichtbedürftigere Baumarten wie die Fichte profitieren würden. »Eschentriebsterben«, »Ulmensterben«, »Erlensterben«, »Tannensterben« – wie gut zu wissen, dass die Termini aus Lehrbüchern der Forstpathologie nicht immer gleich eine Krankheit zum Tode, gar das Aussterben einer Baumart bedeuten müssen. Vom »Waldsterben« ganz zu schweigen: Das Panikwort der 1980er Jahre war freilich weder von Förstern noch von Forstpathologen erfunden worden.

Waldsterben, Klimawandel, Globalisierungsfolgen, stummer Frühling – angesichts der augenscheinlichen Vitalität des Bannwalds und der Dynamik der Waldentwicklung auf der Wiese des Brunehofs will uns nichts weniger bedrängen als Pessimismus und Bangigkeit um den Fortbestand des Ökosystems, gar des Planeten, so wie sie anderwärts doch auch den Unbekümmertsten bisweilen zu beschleichen pflegen: Wie damals in den 1980er Jahren, als wir uns, entsetzt über die Schreckensbilder aus dem Erzgebirge, angeheizt durch die schütteren oder vergilbenden Nadelbaumkronen und die Kassandrarufe in den Medien wie auch durch das alljährliche Ritual der amtlichen Waldschadensberichte, angewöhnt hatten, hinter jedem Baum einen Indianer, hinter jedem dürren Zweig einen Todeskandidaten, hinter jeder Baumleiche einen Fabrikschlot zu erblicken; als unser inwendiges Bild vom Wald sich unversehens in sein Gegenteil verkehrt hatte, als aus dem Urbild des Lebens ein Fall für Mitleid und Trauer geworden war. Nicht als ob wir damit immer so ganz daneben gelegen hätten oder als ob mittlerweile durchweg Entwarnung angezeigt wäre. Doch umso lebenstüchtiger und umso tröstlicher will uns jetzt das Geschehen auf der einstigen Wiese erscheinen.

[1] Am 13. November 2014 im nordbadischen Sinsheim.
[2] Invasive Arten gem. § 7 Abs. 2 Nr. 9 Bundesnaturschutzgesetz (BNatSchG)

Der Hitzerekordsommer 2003 hat auch im Bergmischwald Spuren hinterlassen

Sorgenkind Weißtanne: Hoffnungsträger im Zeichen des Klimawandels

Die Existenz von Mahlmühlen im engen Zweribachkessel bezeugen den einstigen Getreideanbau: die Grundmauern einer Vorläuferin der Hirschbachmühle

Kapitel 11
Als die Reutfelder noch qualmten

Um das Moos zu vertreiben düngt der Wälder seinen Wiesboden auf folgende Art: er setzt hie und da auf der Wiese, besonders wo sie moosigt ist, kleine Haufen mit Rasen, legt dazwischen dürres Zaunholz und Strauchwerk, verbrennt nachher diese Haufen und verbreitet die zurückgebliebene Asche über die Wies.

Alphons Lugo:
Statistik der Kaiserl. Königl. Vorlande. 1797[1]

Ob sich der Freiburger »Doktor der Rechte, Professor der politischen Wissenschaften und des Geschäftsstils« in vorderösterreichischen Diensten hier nicht doch geirrt hat? Auf die oben beschriebene Weise werde, wie er seinen Lesern, den Beamten der k.u.k. Verwaltung, weismachen will, »nicht nur die Wiese sattsam begeilet, sondern selbst das Moos durch die salzige Asche verzehrt«. Oder konnte ihm denn tatsächlich entgangen sein, dass die »Wälder« mit dem Abbrennen der Hänge auch noch ganz andere Zwecke verfolgten als nur die Entmoosung und Düngung ihrer Wiesen? Vorrangig ging es ihnen dabei doch um Ackerbau, um den Anbau von Getreide und Kartoffeln – um die Reutfeldwirtschaft. Über deren einstige Verbreitung im zentralen Schwarzwald wissen wir noch annähernd Bescheid: Um die Mitte des 19. Jahrhunderts waren im Amtsbezirk Waldkirch (der vormals vorderösterreichischen Grundherrschaft des Klosters St. Margareten) über die Hälfte, in einzelnen Gemeinden des Elz- und des Simonswäldertals sogar bis zu 80 % [!] der landwirtschaftlichen Produktionsfläche Reutberge.[2]

Woher sonst sollte das Korn stammen, das einst in der von Brugger- und Brunehof gemeinsam betriebenen Hirschbachmühle sowie in den Mahlmühlen des Halden- und des Haldenschwarzhofs gemahlen wurde, wenn es nicht auch in der Enge des Zweribach-Talkessels angebaut worden wäre? Wie wir uns die Reutfelder hier vorzustellen haben, wo sie lagen und wie groß einst ihr Flächenanteil war, erhellt sich aus den Wertberechnungen anlässlich des Erwerbs der Höfchen durch den badischen Staat um die vorletzte Jahrhundertwende. Thomas Ludemann hat sie im Rahmen der Recherchen für seine Dissertation in den Aktenschränken des Generallandesarchivs ausgegraben:

Bruggerhof
»Das Reutfeld besteht aus 2 Teilen, von denen der eine (a) das Wiesengelände auf seiner südlichen und westlichen Seite umfasst. Der andere (b) liegt auf der Höhe südöstlich des Waldes. Dasselbe ist ortweise mit Gesteinstrümmern bedeckt und da und dort mit Fichten, Tannen, Buchen, Birken bewachsen.«

Die beiden Reutfelder umfassten eine Fläche von 4,8 ha, gegenüber 2,4 ha Wiese und 9,1 ha Wald.

Hirschbachmühle um 1950 (Aufn. F. Hockenjos)

Brunehof

»Das Reutfeld liegt ober- und unterhalb der Wiesen, ist ortweise mit Gesteinstrümmern bedeckt, an einigen Stellen mit kurzen, meist wertlosen Fichten, Buchen, Linden, etlichen Kirschbäumen, Eschen, Ahornen bewachsen.« Es hat eine Fläche von 3,9 ha.

Haldenhof

»Das Reutfeld, westlich an das Ackerland angrenzend, ist etwas steinig, ortweise mit Steinrasseln versehen, mit Birken, Ginster, Farn, etwas Forlen, Buchen, Aspen, Eichen, Ahornen, etl. Nuß- und Kirschbäumen bewachsen. Südwestlich eine etwa 1,4 ha große, 1–3 jährige Fichtenkultur, von Pfriemen und Birken überwachsen.«

Der am Talausgang gelegene Hof hatte in den 1890er Jahren noch damit begonnen, einen Teil seines Reutfelds aufzuforsten, der Rest war offenbar schon längere Zeit nicht mehr ackerbaulich genutzt worden.

Heidenschlösser

Das Obere und das (bereits aufgegebene und abgerissene) Untere Heidenschloss wurden 1918 von der Plattenwirtin erworben. In den Akten des Forstamts heißt es dazu:

»Das ganze Gelände liegt über unserem Brunehof in steilster senkrechter Lage über und auf Felsen. Mit Wagen oder Karren ist von unten nicht beizukommen u. führt nur ein schmaler Fußpfad zum Haus und Gelände.

Im Weide- und Reutfeld liegen kleine Geröll- und Steinrasseln und Felsen zahlreich zerstreut – die Nutzungsflächen sind somit nicht zusammenhängend, sondern kleine Partien.

Ein Stück Reutfeld, zu LGB. No. 327 gehörig mit 33 ar 75 qm, liegt in unserem Schloßwäldele und ist seit drei Jahren mit Fichten bepflanzt.«

1,5 ha Reutfeld, verteilt auf sieben Einzelflächen, galt es hier zu bewerten, daneben Ödungen, Weidfeld, Wiese, Hofraite, Felsen, Bachfläche und

»Rüttibrennen« anno 1995 im Rahmen des 1. Yacher Symposiums ...

... und Einsaat des »Rüttiroggens« (Aufn. H. Mäntele)

schließlich auch noch 0,3 ha Wald, zusammen 5,5 ha. Bis zu zehn Personen bewohnten einst das Untere Heidenschloss. Wie es den Heidenschlösslern gelungen ist, unter solch extremen Standortbedingungen jeweils kinderreiche Familien zu ernähren und hier zu überleben, muss uns heute rätselhaft erscheinen. Von ihrem Fleiß, ja von der Verbissenheit, mit der sie den felsigen Halden Acker- und Weideland abtrotzten, künden noch heute Steinriegel und Lesssteinhaufen im bewaldeten Steilhang.

Ein Rätsel bleibt indessen auch, mit welcher Technik es jemals möglich war, den felsdurchsetzten und immer wieder von Gesträuch und Bäumen überwachsenen Reutfeldern Getreide oder Kartoffeln abzuringen. Die Methode des *Rüttibrennens*, eine seit dem Mittelalter bekannte archaische Form des Waldfeldbaus und der Brandkultur, wäre im Schwarzwald womöglich gänzlich in Vergessenheit geraten, hätte nicht 1995 im Yachtal bei Elzach ein Symposium stattgefunden; dabei wurde das in der Bevölkerung noch vorhandene Wissen über die Reutfeldwirtschaft zusammengetragen und medienwirksam im Gelände auch gleich nachvollzogen. Die Steilhänge oberhalb des Ortskerns von Yach waren einst weit überwiegend als Reutfelder bewirtschaftet worden. Doch seit 1870 hat sich das Wald-Offenland-Verhältnis auf der Gemarkung komplett umgekehrt: Betrug der Waldflächenanteil damals ganze 27 %, so waren 1995 bereits 74 % bewaldet. Grund genug für den Veranstalter, nach praktikablen und zukunftsfähigen Modellen für die Offenhaltung der Landschaft und der Erhaltung landwirtschaftlicher Strukturen Ausschau zu halten. Die Landschaft als Pflegefall: Als probates Mittel zur Linderung des durch allzu viel Wald hervorgerufenen Leidensdrucks dürfte sich die äußerst arbeitsintensive Reutbergnutzung dennoch kaum empfohlen haben.

Wie aber hat man sich die Vorgehensweise beim Rüttibrennen konkret vorzustellen? P. Lutz[3] hat die Ergebnisse des Symposiums zusammengefasst: Offenbar ist die Reutfeldwirtschaft je nach Hangexposition in zweierlei Varianten praktiziert worden, wie man sich in Yach erinnert. Beim *Bergreuten* an steilen Sommerhängen wurde zunächst der Aufwuchs, zumeist Ramsen (Besenginster) und Haselsträucher, mit dem *Säsle* (einem gebogenen Haumesser) auf den Stock gesetzt, Birken, Aspen und sonstige Brandkeimer gefällt und entastet. Was nicht als Brennholz taugte, blieb auf der Fläche liegen. Sodann wurde von Mai bis Mitte Juni mit der *Schorbhaue* der durchwurzelte Oberboden flach losgehackt und umgedreht, sodass das Gras nicht mehr weiterwachsen konnte und der Wasen auf dem Reisig austrocknen konnte. Äste, Reisig und Wasen wurden in vier bis fünf Meter breiten, vertikalen *Brisen* (Streifen) ausgebreitet, dazwischen verblieb jeweils ein Streifen, der von Brennbarem freigehalten wurde. Bei hochsommerlicher Hitze wurde, um ein Übergreifen des Feuers zu vermeiden, eine Brise nach der andern am oberen Ende entzündet. Das brennende Material wurde von mehreren Bauern mit langstieligen Brennhaken walzenartig nach unten gezogen, sodass die Hitze nur in die oberste Bodenschicht eindringen konnte. Beidseits der brennenden *Brise* hatten Helfer mit frisch geschnittenen belaubten Ästen darauf zu achten, dass das Feuer nicht übergriff. Einige Tage nach dem Abbrennen mussten die Asche und die verkohlten Reste als Dünger untergehackt werden, sodass im September der Roggen eingesät werden konnte, der dann im darauffolgenden Sommer geerntet wurde. Der *Rüttiroggen* war überaus geschätzt, da er unkrautfrei war und sich seine Halme besonders gut eigneten für das Decken der Dächer sowie zum Flechten von Hüten, Taschen und Strohschuhen. Bestenfalls weitere drei Jahre hintereinander nach der ersten Ernte konnte das Reutfeld mit Roggen, Hafer oder Kartoffeln bestellt werden, bis der Boden erschöpft war, das Unkraut wieder zunahm und die Wurzelstöcke wieder austrieben. Für weitere Jahre wurde das Reutfeld sodann beweidet, bis nach einem, zwei oder gar drei Jahrzehnten die Sträucher und Bäume so überhand nahmen, dass der Zyklus mit dem Enthursten wieder von Neuem beginnen konnte.

An den schattigen Winterhängen bevorzugte man die *Waldreute*, bei welcher Ackernutzung und Niederwaldwirtschaft einander abwechselten. Nach dem *Schorben*, dem Abbrennen und dem Getreideanbau folgte hier eine längere Phase der Brache, in der die Wurzelstöcke von Birke, Hasel und Grünerle wieder austreiben und schließlich, mit oder ohne Zwischenspiel einer Beweidung, wieder Brennholz liefern konnten. Häufig waren es die winterseitigen Reutfelder, die als Erste aufgegeben wurden und sich wieder in Wald zurückverwandeln durften. Unter den Birken der ehemaligen Reutberge samten sich alsbald Tannen und Buchen an, und vielfach entstanden so arten- wie unterwuchsreiche Mischwälder.

Die aufgelassenen Reutberge hatten zunächst auf den ihr zusagenden Standorten nicht nur der Grünerle besonders behagt, sondern auch dem scheuen Haselhuhn. Beiden ist der Lebensraum abhanden gekommen, seit nicht mehr gereutet wird und die an Hasel, Birken und Grünerlen reichen ehemaligen Brennholz-Niederwälder sich in Hochwald zurückverwandelt haben. Während Förster, Jäger, Ornithologen und Naturschützer größte Anstrengungen unternehmen, den »Charaktervogel des Schwarzwalds«, das Auerhuhn, vor dem Aussterben zu bewahren, hat sich dessen kleiner Verwandter klammheimlich davongemacht. Seit Anbruch des neuen Jahrtausends scheint das Vorkommen dieser einst jagdbaren, doch seit Jahrzehnten streng geschützten Vogelart im Schwarzwald vollends erloschen zu sein.

Bis in die 1960er Jahre war auch das Zweribachtal noch Haselhuhn-Lebensraum. Mit dem *Spisser*, dem für das Herbeilocken des Haselhahns gebräuchlichen Metallpfeifchen, war es mir, seinerzeit Forstreferendar mit ornithologischen Sonderinteressen, letztmals gelungen, einen neugierigen Haselhahn herbeizupissen. Zufall oder nicht, das Erfolgserlebnis war mir eben dort beschieden, wo im Talkessel derzeit auch die wohl letzten Exemplare der Grünerle zu finden sind – auf der zuwachsenden Trasse des an der Bannwaldgrenze blind endenden »Italienerwegs«. Was zeigt, dass bei Aufgabe der Bewirtschaftung die ökologische Bilanz durchwachsen auszufallen pflegt: Sie schließt sowohl mit Gewinnen ab als auch mit Verlusten für die Artenvielfalt.

[1] Lugo, A.: Statistik der Kaiserl. Königl. Vorlande, 1797. In: Vorderösterreich – Eine geschichtliche Landeskunde. Hg. von Friedrich Metz. Freiburg, Rombach Verlag, 1976.

[2] Abetz, K.: Bäuerliche Reut- und Weidfelder im Schwarzwald (1954). In: Der Rohrhardsberg. Neue Wege im Naturschutz für den Mittleren Schwarzwald. Hg. von der LfU Baden-Württemberg; Staatl. Naturschutzverwaltung Baden-Württemberg. Ubstadt-Weiher, verlag regionalkultur, 1999.

[3] Der Rohrhardsberg. Neue Wege im Naturschutz für den Mittleren Schwarzwald. Hg. von der LfU Baden-Württemberg; Staatl. Naturschutzverwaltung Baden-Württemberg. Ubstadt-Weiher, verlag regionalkultur, 1999.

rechte Seite: Einst (wie die Grünerle) ein Profiteur der Reutbergwirtschaft, inzwischen im Schwarzwald ausgestorben: das Haselhuhn (Foto: E. Marek)

Artenreicher und vitaler Bergmischwald

Kapitel 12
Waldwirtschaftliche Vorgeschichte

Das Waldwesen war zunächst Anhängsel am Bergbau, und die Waldnutzung für Gruben und Hütten ging allen anderen Verwendungszwecken vor. Diese Auffassung findet sich in allen österreichischen Bergordnungen. Gleichfalls war das fließende Wasser zunächst dem Bergbau vorbehalten.

Rudolf Metz:
Bergbau und Hüttenwesen in den Vorlanden.[1]

Wie mögen jene alpinen Spezialisten ans Werk gegangen sein, die der Abt von St. Peter zur Urwaldrodung mit dem Versprechen ins Land gerufen hatte, nach dem Kahlschlag dort siedeln zu dürfen? Warum hat er sich mit seinem Anliegen an Tiroler, Salzburger und Oberbayern und nicht an Einheimische gewandt? Oder doch an die Nachfahren der (alemannischen) Walser im nahen Vorarlberg, der alpenweit Erfahrensten und Gesuchtesten in Sachen Rodung und Siedlung? Und wie haben es die Bretlauers, Streifflers und Gschwanders dann geschafft, das Holz nicht nur zu »schlägern«, sondern auch aus dem unwirtlichen Talkessel hinaus an seinen Bestimmungsort, das Eisenwerk in Simonswald, zu verbringen? Vieles von dem, was sie ausgangs des 16. Jahrhunderts zuweg gebracht haben, bleibt im Dunkeln. Wir wissen nicht einmal, ob ihnen bereits gezahnte Sägeblätter zur Verfügung standen, wie sie sich seit dem 15. Jahrhundert bei der Holzernte allmählich durchzusetzen begonnen. So oder so – die Fällung der Urwaldriesen in den Felshängen

Starke Tannendimension mit Personenstaffage als Vergleichsmaßstab (Bannwaldinitiator Fritz Hockenjos um 1985) – im Urwald von einst dürften noch kapitalere Tannen gestanden haben.

von Hirsch- und Zweribach und deren Zerteilung in Blöcke und Scheiter war Knochenarbeit. Ob der Abt diese seinen Untertanen nicht mehr zumuten mochte, oder ob er sie ihnen angesichts der Holzdimensionen und der Steilheit der Hänge nicht mehr zugetraut hat – darüber lässt sich nur spekulieren.

Hindernisse für die Holzernte gab es mehr als genug: Die beiden Bäche, in die man die Stämme aus den Steilhängen über Erdriesen² hinab »schießen lassen« konnte, waren in ihrem Oberlauf jeweils durch Wasserfälle blockiert. Und sie führten zu wenig Wasser, um die Holzblöcke darunter auf dem Wasserweg bis zur Wilden Gutach zu befördern. Spuren im Gelände, die auf die Existenz von Stauwehren, *Klusen* oder *Schwallungen,* schließen lassen, mit deren Wasserschwall das Holz hätte getriftet werden können, sind nicht mehr auffindbar; immerhin könnten es auch hölzerne Wehre gewesen sein, wie man sie aus den k.u.k. Karpaten noch kennt, doch die verschlangen allein schon für ihren Bau riesige Holzmengen. Selbst in der Wilden Gutach mussten die Frühjahrshochwässer abgewartet werden, um die Holzblöcke und Holzscheite vollends nach Simonswald ins Werk zu befördern, denn auch hier sind Stauwehre, die womöglich sogar die Verflößung ganzer Stämme ermöglicht hätten, nicht nachzuweisen. Gassen, Schlitt- und Schleifwege, über die mit Ochsen- oder Pferdegespannen Stämme geschleift, gar auf dem Rad hätten transportiert werden können, dürften erst sehr viel später angelegt worden sein. Und zur Verkohlung an Ort und Stelle taugte vorwiegend schwächeres Holz, doch auch für die Köhlerei waren die Hänge zu felsig und zu steil.

Und dennoch müssen es die alpenländischen Holzknechte irgendwie geschafft haben, die Urwaldwildnis vertragsgemäß abzuholzen und nachfolgend zu besiedeln – abgesehen vielleicht von den allerschroffsten und für die Holzbringung ungünstigsten Hangpartien. An mangelnder Holzversorgung ist das seit 1509 nachgewiesene Simonswälder Eisenwerk jedenfalls nicht eingegangen, das zunächst in privater Hand war und ab 1614 der vorderösterreichischen Regierung gehörte. Im Dreißigjährigen Krieg wurde es zerstört, 1639 wieder aufgebaut, sodann aber nach Kollnau im Elztal verlegt, wo bis 1755 Roheisen erschmolzen wurde. Schmelzwerke benötigten besonders viel Holz, für einen Zentner verkaufsfähiger Eisenware die fast zwanzigfache Holzmenge. Aber

Nur bisweilen für den Holztransport geeignet:
die Wilde Gutach an der Einmündung des Zweribachs

auch das nach Aufgabe der Schmelze weiterbetriebene Hammerwerk war nach wie vor auf Holz aus den Klosterwaldungen angewiesen, denn herrschaftlicher (Staats-)Wald hatte im Einzugsbereich von Elz und Wilder Gutach Seltenheitswert.

Eigentlich hätte nicht nur die im Jahr 1557 von Kaiser Ferdinand I. erlassene Forstordnung, sondern auch schon die Bergordnung von 1517 der Waldverwüstung einen Riegel vorschieben sollen, sowohl in den von Übernutzung bedrohten Privat- und Gemeindewaldungen als auch in den Klosterwäldern. Gemeinden wie Klöster waren durch die Bergordnung dazu verpflichtet, Bergwerke und Eisenhütten mit Kohlholz zu beliefern. Nicht der Kahlschlag als solcher, wohl aber die Rodung zu Siedlungszwecken in dem ebenso abgelegenen wie unwegsamen Zweribach-Talkessel dürfte denn auch die Folge mangelnder staatlicher Forstaufsicht gewesen sein. Zumal das Kloster St. Peter, der Hauptlieferant für das Eisenwerk in Simonswald, für seine ausnehmend siedlungsfreundliche Politik und seinen hinhaltenden Widerstand bei der Erfüllung der Lieferverträge bekannt und berüchtigt war. Umso ärgerlicher und besorgniserregender war jeglicher Waldflächenverlust, bedeutete er doch für die Betreiber des Eisenwerks und das Freiburger Bergamt eine Einengung der Ressourcenbasis.

Insbesondere gegen die den Aufwuchs verzögernde, wenn nicht gar verhindernde Waldweide hatten die Beamten und Angestellten der Regierung daher vorzugehen, erst recht gegen die Beweidung mit Ziegen, ohne die die Gütlein im Zweribach nicht überlebensfähig gewesen wären. In der spukhaft mythischen Gestalt des »Geißenmeckelers« wurden die obrigkeitlichen Bemühungen um eine wirksamere Waldhut im kollektiven Gedächtnis der Wälder noch über Jahrhunderte hinweg personifiziert und gespeichert. In seinen *Wäldergeschichten* hat ihm der Vater ein Denkmal gesetzt:

»Den Forstknecht Klaus Späth, der um 1590 im Simonswald lebte, verfolgt der Haß und der Fluch des Volkes bis zum heutigen Tag. Es war auch damals schon verboten, die Geißen im Wald weiden zu lassen, weil sie den Aufwachs verbeißen; aber die Leute, die auf den abgelegenen Orten um den Kandel hausten, waren arm. Oft hatten sie nicht genug Weide für ihre Geißen und

Fritz Hockenjos jr. hütet in den 1950er Jahren die Geißen des Brunehofs; Ziegen waren verschrien als »Geißel des Waldes«

ließen sie ihr Futter suchen, wo sie es fanden. Zu jener Zeit aber hatten die Forstbediensteten Anteil an den Strafgeldern, und der Schützenklaus war der eifrigste, wenn es galt, Leute anzuzeigen. Ihn kümmerte nicht ihre Not, ihr Bitten und ihre Verzweiflung, er war hinter den Geißen her wie der Teufel hinter den armen Seelen. Nur noch bei Nacht wagte man die Tiere laufen zu lassen, doch der Schützenklaus kam trotzdem dahinter; er schlich nachts um die Berghäuslein und meckerte, und wenn ihm die Geißen im Stall nicht antworteten, so wusste er, dass sie im Wald waren. – Mag sein, dass er gegen Recht und Gesetz der Obrigkeit damit nicht verstieß; mag sein, dass er sogar ein pflichteifriger Beamter war. Doch es gibt noch ein anderes Recht und eine andere Pflicht. Das Volk hat ihn gehasst und verwunschen, und sein böses Wesen ist in den Tälern und auf den Höhen um den Kandel nicht vergessen; als der Geißenmeckeler geht er bis zum heutigen Tag in den

Wäldern um und schreckt den einsamen Wanderer durch Meckern und wüstes Tun.«

Erst neuerdings scheint der Geißenmeckeler ein für alle Mal ausgemeckert zu haben, hat sich das Image der Ziege doch grundlegend gewandelt von der »Geißel des Waldes« zum kostengünstigen Landschaftspfleger, dem effizientesten Helfer im Einsatz für die Offenhaltung der Kulturlandschaft, für Biotop- und Artenschutz. Spätestens im Sommer des Jahres 2010 werden die Simonswälder den Bedeutungswandel der Ziege realisiert und verinnerlicht haben, als die Tageszeitungen über einen Ziegen-Workshop in Elzach berichteten, veranstaltet im Rahmen des »Life-Projekts Rohrhardsberg, obere Elz und Wilde Gutach«.

Die Beschwerden der k.u.k. Berg- und Waldmeister über den Zustand und die unzureichenden Holzlieferungen des Klosterwalds sollten jedenfalls jahrhundertelang nicht mehr abreißen. Im 18. Jahrhundert zeugen mehrere amtliche Waldinspektionsberichte von den wachsenden Holzversorgungsnöten; entsprechend wuchs der Verdruss des Freiburger Bergamtes über die schädlichen Einflüsse der Siedler und ihres Viehs auf den Jungwuchs »auf den ausgestockten und ausgereuteten Schlagflächen«, wie es im Bericht des Inspektionsbeamten Praxmayer aus dem Jahr 1736/37 heißt. In seiner Stellungnahme beeilt sich der Bannwart des Klosters St. Peter, auf durchaus noch vorhandene Holzreserven hinzuweisen: So sei doch noch »oben am Twerenbach zwischen dem Hohwartfelsen und den Matten gegen Michael Villinger ein Eck vorhanden, so sich in ein Dreiangel ziehe, daraus können 300 Klafter entbehrt werden«. Unerwähnt ließ er dabei die außerordentlich schwierige Holzbringung im felsdurchsetzten »Dreiangel« wie auch die bescheidenen Holzdimensionen auch noch fast 140 Jahre nach dem ersten Kahlschlag. Kein Wunder also, dass die von dem listigen Klosterbannwart vorgeschlagene Nutzung erst 40 Jahre später vollzogen werden konnte.

Waldweide, einst Existenzgrundlage, doch seit 1833 forstgesetzlich verboten

Noch stärker dürfte der süd- und südostexponierte Haldenwald, der Waldkircher Teil des Talkessels, der dem Kloster (jetzt Hochstift) St. Margareten gehörte, unter Beweidung gelitten haben, durch welche die Wiederbestockung verzögert und der Wald folglich auch erst in der zweiten Hälfte des 18. Jahrhunderts wieder hiebsreif wurde. Das Holz sollte, so ein Inspektionsbericht um 1776/77, »durch ein Ris in den unden befindlichen Zwerenbach zu dem allfälligen Holzfloss abgestossen, und weiters in den Simonswälder Bach herfür geflöset werden«. Die Stämme wollte man also über eine Riese (vermutlich eine Erdriese) in den Zweribach hinabschießen lassen, um sie von dort blockweise auf dem Wasserweg ins Eisenwerk triften zu können. Um das Jahr 1780 muss der Plan dann auch umgesetzt worden sein. Sowohl am Zweribach wie am Hirschbach zeugen Reste von Steinblockarmierungen von den Bemühungen jener Jahre, die Bachbetten für den Transport von Holzblöcken und Scheitholz herzurichten.

Vom alten Klosterwald waren im Talkessel bis zur zweiten Hälfte des 18. Jahrhunderts, dem Stadium der stärksten Entwaldung, ohnehin nur noch wenige Hektar übrig geblieben: so im sommerseitigen Haldenwald nördlich oberhalb der Zweribachwasserfälle (St. Margareten) und gegenüber, am Nordwesthang um den Hohwartfelsen (St. Peter). Was sich aus den Reut- und Weidfeldern wieder in Wald hatte zurückverwandeln können, verblieb im Eigentum der Höfe und entsprach damit keineswegs mehr den forst- und holzwirtschaftlichen Wunschvorstellungen der Regierungsbeamten. Denen war sogar die Waldwirtschaft der Klöster mehr und mehr ein Dorn im Auge, denn die junge Forstwissenschaft propagierte anstatt der dort noch immer üblichen »regellosen Plenterung« (der einzelstammweisen Holzernte) längst andere Bewirtschaftungsmodelle. An Stelle ungleichaltriger Bergmischwälder bevorzugte man gleichwüchsige, damit berechenbare und leichter kontrollierbare Altersklassenwälder, in denen gepflanzt oder angesät, durchforstet und – in möglichst kurzen Umtriebszeiten – schlagweise geerntet wurde. Wie anders sollte die sich immer bedrohlicher abzeichnende Holzverknappung noch abgewendet werden? Wie sonst sollte die nachhaltige Holzversorgung sichergestellt werden, wie sie erstmals von dem sächsischen Bergrat und Erfinder des heute so inflationär verwendeten Begriffes *Nachhaltigkeit* Hans Carl von Carlowitz in seinem 1713 erschienenen Werk *Sylvicultura oeconomica, oder haußwirthliche Nachricht und Naturmäßige Anweisung zur wilden Baumzucht* propagiert worden ist?

Wie lästig dem Kloster St. Peter auch noch um die Wende zum 19. Jahrhundert die Holzforderungen der vorderösterreichischen Forstagenten waren, lässt sich in den auch sittengeschichtlich aufschlussreichen Tagebuchaufzeichnungen von Abt Ignaz Speckle nachlesen: Es sei, so hält er am 12. September 1796 fest, die Frau des Forstagenten Parcus, des Bruders des »Generaldirecteurs«, nach St. Peter gekommen, um ihre Freunde zu besuchen. Der Vater der Frau sei aus dem Heidenschloss gebürtig. Man werde sie ins Kloster einladen und bewirten müssen. Speckle selbst hatte es derweil vorgezogen zu verreisen, um dem ihm offenbar höchst unangenehmen Besuch des Forstagenten nebst Familie aus dem Weg zu gehen, wie er in seinen Tagebuchaufzeichnungen durchblicken lässt:

»**14. September 1796**
Pater Thaddäus Rinderle war seit einigen Tagen hier, weil wir den Waldmeister Parcus erwarteten, der unsere Wälder visitieren und Holzrequisitionen machen wollte. Parcus hatte einst bei Pater Thaddä studiert und wir hofften, dass er etwas vermitteln könnte. Parcus hatte schon am 10. September seine Frau mit 3 Kindern hieher geschickt. Sie wurde mit Kindern ins Kloster aufgenommen und hält sich seither hier auf.

22. September 1796
[...] erhielt ich die Nachricht, dass der Geld- und Holzparcus, i. e. Parcus, Generaldirektor der Revenuen am rechten Rheinufer, und dessen Bruder, Forstmeister von Freiburg, abgezogen und ich folglich sicher zurückreisen könnte. Forstmeister Parcus hatte schon vor 10 Tagen seine Frau oder Konbubine mit 3 Kindern nach St. Peter geschickt, wo sie seither im Kloster beherbergt worden. Nun ließ ich ihr ankünden, dass es für sie nicht sicher wäre, länger hier zu bleiben, und da sie endlich von ihrem Mann Briefe erhielten, so reisete sie am 22. ab. Sie ist die Tochter des st. petrinischen Untertanen aus dem Heidenschloß, der ehemals Kutscher bei Herrn Kargen-

linke Seite: Hirsch- und Zweribach wurden für die Holztrift hergerichtet, da und dort sind noch Steinblockarmierungen festzustellen

eck in Freiburg war; eine schlechte Dirne, welcher man aber mit aller Höflichkeit begegnete.«

Säkularisation und Mediatisierung führten dazu, dass 1806 das Großherzogtum Baden in der Nachfolge Vorderösterreichs und der Klöster auch im Zweribachtal Waldeigentümer wurde. Die Freiburger obere Forstbehörde nannte sich zwar nach wie vor »Direktion der Forstdomänen und Bergwerke«, doch die letzteren standen mit dem Ausbau des Schienennetzes bald nicht mehr im Mittelpunkt des forstwirtschaftlichen Interesses. Durch eine sehr zielstrebige Grunderwerbspolitik bemühte sich das für Liegenschaften zuständige großherzogliche Domänenärar dennoch fortan nach Kräften, die Staatswaldfläche durch den Erwerb verschuldeter und abgängiger Höfe weiter zu vergrößern und zu arrondieren, Reut- und Weidfelder aufzuforsten und die miterworbenen Häuser an seine Holzhauer zu verpachten. Das Badische Forstgesetz von 1833, das die Plenterwirtschaft im öffentlichen Wald ebenso verboten hatte wie die Waldweide, schuf mit seiner gestrafften Forstorganisation die Voraussetzungen dafür, dass »das Gespenst der Holznot« endgültig vertrieben werden konnte. Der Wirtschaftsliberalismus des 19. Jahrhunderts beschleunigte das Höfesterben, während die Einführung der Kohlefeuerung bewirkte, dass die Holzvorräte im Staatswald weiter anwachsen konnten. Dennoch blieb es bei der »schlagweisen Altersklassenwirtschaft«. Die Verluste an Mischung und Struktur, wie sie naturnahe Bergmischwälder auszeichnen, nahm man dabei billigend in Kauf. Die forstlichen Planungswerke, berechnet und fortgeschrieben auf Jahrhunderte im voraus, feierten derweil Triumphe.

Über den Zustand der im Talkessel erworbenen Bauernwälder wissen wir aus den Waldbewertungen anlässlich des Ankaufs durch den Staat bestens Bescheid. Von wenigen Ausnahmen abgesehen, waren sie durch natürliche Ansamung und Vogelsaat auf den jeweils unwirtschaftlichsten und daher aufgelassenen Reut- und Weidfeldern entstanden und nicht

Blick von der Kanzel des Hohwartfelsens auf den herbstlichen Haldenwald

durch künstliche Aufforstung. Dementsprechend baumartenreich, ungleichaltrig und vorratsarm präsentieren sie sich in den Beschreibungen ausgangs des 19. Jahrhunderts:

Bruggerhof

»Der Wald nimmt den vom Domänenwalddistrikt Gutacherhalde gegen Norden steil nach dem Reutfeld a zu abfallenden Berghang ein.

Bestand: 30–50jährige, einzeln und gruppenweise ältere Tannen und Fichten mit wenig Buchen, teils horstweise geschlossen, teils in räumlicher Stellung, ortweise mit 1–30/20jährigen Tannen- und Fichtengruppen durch- und unterwachsen (zus. etwa 2,5 ha). Im südlichen Teil zwischen Reutfeld b und dem Domänenwald ist eine etwa 1 ha große Fläche nur mit wertlosem Strauchholz bewachsen. 0,4 ha an der östlichen Grenze 1jährige Fichtenkultur.«

Der Holzvorrat des 9,13 ha großen Waldes ist mehr als bescheiden: Er wird mit ca. 800 Festmeter (= m³) Fichte und Tanne, 45 Festmeter Buche angegeben.

Brunehof

»Der Wald besteht aus zwei im nordwestlichen und südwestlichen Teil des Gutes gelegenen Stücken, welche sehr steile Hänge einnehmen.

Waldstück f. Bestand: 30–60jährige einzeln ältere zum Teil stockschlägige Buchen mit etwas Fichten, einzelnen Ahornen, Eschen, Tannen, Aspen, Birken ortweise geschlossen, doch meist räumlich bestockt und lückig. Boden sehr steinig und felsig. Hie und da jüngere Buchengruppen. Wuchs ziemlich gut.«

Das 2,6 ha große Waldstück weist einen Holzvorrat von 74 Festmeter Fichte und Tanne und 214 Festmeter Buche auf.

»Waldstück g. Bestand: 60–100 jährige, einzeln ältere und jüngere Fichten und Tannen, Fichten- und Buchenaufwuchs, oben noch ziemlich geschlossen, doch meist sehr räumlich bestockt. Bei Stein 62/8 auf 0,30 ha ein 30–60 j. Buchenhorst mit etlichen älteren Stämmen. Boden sehr steinig und felsig. Wuchs ziemlich gut–gut.«

Der Holzvorrat dieses 3,7 ha großen Waldstücks beträgt 345 Festmeter Fichte und Tanne sowie 176 Festmeter Buche.

Von den Talbewohnern gemeinsam betrieben: die Franzosensäge, aufgegeben und abgerissen um 1930 (Aufn. Fam. Schuler)

Haldenhof

»Der Wald nimmt den westlichen, steil gegen den Zweribach südöstlich und östlich einfallenden Teil des Gutes ein.

Bestand: Vorwiegend 40–80jähr. einzeln und horstweise ältere und jüngere Buchen mit Tannen und Fichten, das Nadelholz ortweise vorherrschend, etwas Ahorn, Eichen, Linden, Birken, Aspen, Ruschen, in den oberen besseren Partien ziemlich geschlossen, in den unteren licht und räumlich bestockt, oft von mit von Hasel und Gebüsch bewachsenen Felsrasseln und Felspartien unterbrochen. Wuchs wechselt zwischen gut und mittelmäßig, durchschnittlich ziemlich gut. Etwa 3 ha sind als ertraglos zu betrachten. Ortweise, besonders oberhalb der Säge auf zusammen 0,50 ha, findet sich 1–30jähr. Tannenaufwuchs mit etwas Buchen und Fichten.«

Der Vorrat des 15,8 ha großen Teils des Haldenwalds wird mit 1143 Festmeter Tanne und Fichte, 943 Festmeter Buche (inkl. Ahorn und sonstige) und 64 Festmeter Eiche angegeben.

Erstmals erfahren wir hier auch etwas über die Existenz einer von den Höfen gemeinsam betriebenen Sägemühle, der »Franzosensäge« am Fuß des Haldenwalds, wo sich heute der Parkplatz für motorisierte Besucher des Bannwalds befindet. Wann sie erbaut wurde, ist nicht bekannt; abgerissen wurde sie in den 1930er Jahren, nachdem in Wildgutach das Sägewerk Wangler entstanden war. Zu vermuten ist, dass der Name der Bauernsäge auf den Durchzug französischen Militärs zu Beginn des 19. Jahrhunderts verweist, bei welchem die Säge womöglich beschädigt oder gar zerstört worden ist.

Am Sommerhang des Haldenwalds überrascht die Beschreibung des Wertermittlers mit einer erstaunlichen Vielfalt aus Spitzahorn, Sommerlinden, Bergulmen (Ruschen) und insbesondere auch mit einem nicht unbeträchtlichen Eichenanteil – mit Baumarten also, wie sie hier auch vor dem großen Kahlschlag und vor der Reutbergnutzung schon vertreten gewesen sein müssen. Wie die auf den Reutfeldern wieder herangewachsenen Bauernwälder allesamt das Potenzial hatten, sich alsbald wieder in einen naturnahen Bergmischwald zurückzuverwandeln. Auf den nach Weidennutzung entstandenen Waldflächen dominiert indessen bis zum heutigen Tag die Buche.

Bei der Wiederbewaldung des Talkessels stellt eine Waldparzelle des Heidenschlosses ausweislich des Verkaufsprotokolls aus dem Jahr 1918 die Ausnahme dar: »Der Wald mit 32,65 ar ist soweit der Fichtenbestand in Frage kommt von Frau Saum [der Plattenwirtin und Käuferin] in diesem Frühjahr nach allem brauchbaren Holz durchsucht und genutzt worden, der untere Waldteil ist Buche mit wenig Fichte, geschlossen und geringwüchsig.« Irgendeiner der Heidenschlössler, mag sein ein Verwandter der Frau (oder Konkubine?) des von Ignaz Speckle so wenig geschätzten vorderösterreichischen Holzagenten Parcus, muss auf die Idee gekommen sein, den Steilhang ein Stück weit mit Fichten zu bepflanzen.

Die Baumart Fichte, im westlichen Schwarzwald ursprünglich mit nur sehr geringen Anteilen vertreten, sollte alsbald zur bevorzugten Baumart, zum »Brotbaum« der ordnungsgemäßen Waldwirtschaft avancieren, während die Weißtanne, der »Charakterbaum des Schwarzwalds«, allenthalben eine geradezu absturzartige Entwicklung nahm: Allein im 20. Jahrhundert sollte ihr Anteil im Schwarzwald nochmals halbiert werden, sodass gegenwärtig nur noch knapp jeder fünfte Baum eine Tanne ist. Im Jahr 1905 war in St. Märgen aus den entlegensten Teilen der alten Ämter Freiburg, Waldkirch und Furtwangen ein neues Forstamt gebildet worden, das sich mit großer Tatkraft daran machte, seinen Staatswald mit Wegen zu erschließen und die verbliebenen Altbestände zu nutzen. Auch am Oberhang des Zweribachkessels waren so Waldstraßen und Schleifwege entstanden, die von oben her den Zugriff auf die noch vorhandenen oder wieder herangewachsenen Holzvorräte erlaubten. Die auf der folgenden Doppelseite abgebildeten forstamtliche Altersklassenkarten aus den Jahren 1934 und 1989, farblich angelegt von gelb (1–20 Jahre) bis schwarz (> 120 Jahre), macht nicht nur die flächenweise Altersgliederung deutlich; sie zeigt auch, dass der heutige Bannwald wieder komplett in Staatsbesitz übergegangen war.

Aus den Aufzeichnungen meines Vaters,[3] Forstamtsleiter von 1947 bis 1974 und Verfechter einer naturnahen Waldwirtschaft, ergibt sich ein recht klares Bild von den Holzerntebemühungen und vom waldbaulichen Vorgehen seiner Vorgänger:

Auch für das Forstamt war in den steilen, felsdurchsetzten Halden wenig zu holen, man ließ am besten die Finger von ihnen. Doch um die Mitte der Dreißigerjahre [des 20. Jahrhunderts] *wurde aus unverständlichen Gründen der Buchen-Tannen-Fichten-Bestand hinter dem Hohwartfelsen, der 1778 schon einmal kahlgeschlagen worden war und sich dann ohne menschliche Nachhilfe von selber erneuert hatte, unterhalb des Gutacherhalden-Hauptwegs abgeholzt, nachdem zum Ausbringen des Holzes ein Schleifweg vom Bruggerhof am Hirschbach aufwärts und ein zweiter vom Hauptweg abwärts angelegt worden war. Soweit das Holz zum Hauptweg aufgeseilt werden konnte, wurde es auf dem oberen Schleifweg äußerst mühsam unter Umgehung des unteren Wasserfalls in den Hirschbach geschafft, in diesem zum unteren Schleifweg gerießt und von da mit Ochsen noch anderthalb Kilometer weit zum Fahrweg geschleift. Die Bestockung unterhalb des oberen Schleifwegs blieb ungenutzt. Die Schlagfläche wurde nach den damaligen Vorstellungen mit Fichte, weitständig auch mit Lärche und Douglasie, ausgepflanzt, getreu dem hippokratischen Eide des Forstmannes, ›auf jeden leeren Raum einen Baum‹ zu pflanzen, auch wenn dies dem sonst geheiligten Grundsatz der Rentabilität widersprach.*

So war es denn nun auf den abgeräumten und wieder aufgeforsteten Schlagflächen, anders als nach den Kahlschlägen der Klosterzeit und deren nachfolgender Wiederbewaldung, erstmals gelungen, den ursprünglichen Bergmischwald in einen gleichwüchsigen Nadelholzforst mit nur noch sehr bescheidenen Laubbaumanteilen (zumeist aus Stockausschlägen bestehend) umzuformen.

Die erwähnten Schleifwege mitsamt den damals benötigten Holzlagerplätzen sind längst zugewachsen und im Gelände kaum mehr zu erahnen, eine Brücke über den Hirschbach ist zerfallen. Die Grenzen des Bannwalds waren freilich in den frühen 1950er Jahren noch nicht endgültig festgelegt worden, sodass an seiner heutigen Peripherie anfangs noch forstliche Eingriffe stattfanden. So wurde im unteren Teil des Haldenwalds noch ein Starkholzhieb durchgeführt, um damit, wie der Vater schreibt, »*dem Tannenunterstand Luft zu schaffen*« und sich damit der stufigen Struktur naturnaher Bergmischwälder wieder anzunähern. Im Jahr 1956 entstand auch noch die Fichtenkultur auf dem steilen, von großen Lesesteinhaufen unterbrochenen ehemaligen Weidfeld des Gschwanderdobelhäusles, der »Martinswand«, die das Forstamt mit Tannen anzureichern bemüht war. Aus der Fichtenkultur ist mittlerweile ein vom Schneebruch zerzaustes Baumholz geworden; trotz des vom Rehwild verursachten Ausfalls der beigepflanzten Weißtännchen wird seine »Rückverwilderung«, seine Rückverwandlung in einen Bergmischwald nicht mehr allzu lange auf sich warten lassen. In die Schneedrucklücken sind bereits Buchen und Bergahorn eingewandert.

»*Man hat nun einmal seine Lust auch am Urigen und Ungezähmten*«, schrieb der Vater 1969 in einer seiner Waldgeschichten,[4] in denen er nichts unversucht lässt, die Waldwirtschaft auch dem Laien näherzubringen. Um sodann fortzufahren: »*Die Musterbestände* [des Wirtschaftswalds] *in Ehren. Doch ohne den Bannwald wären sie mir eine Suppe ohne Salz. Jeder Forstbezirk müsste eigentlich so ein ungattiges Loch haben, wo sich der Forstmann mit seiner Kunst immer wieder einmal in Frage stellen lassen muß. Zeit ist hier nicht Geld. Hier wächst der Wald, wie er will. Er zeigt dem Forstwirt, was die Natur ohne menschliche Nachhilfe leistet und was nicht, und was dieser im Bannwald lernt, kommt dem Wirtschaftswald zugute. Je mehr in der Forstwirtschaft rationalisiert und mechanisiert werden muß, umso naturverbundener muß der Forstmann sein.*« Eine Förstergeneration weiter ist diesem väterlichen Bekenntnis noch immer nichts hinzuzufügen.

Im baden-württembergischen Staats- und Gemeindewald hat unterdessen eine Abkehr von der schlagweisen Altersklassenwirtschaft stattgefunden. Spätestens die Orkane des ausgehenden 20. Jahrhunderts haben die Wende hin zu einer naturnäheren Waldwirtschaft eingeleitet. Zu vermuten ist immer-

Wipfelbrüche durch Schneedruck im Fichten-Aufforstungsbestand aus dem Jahr 1955

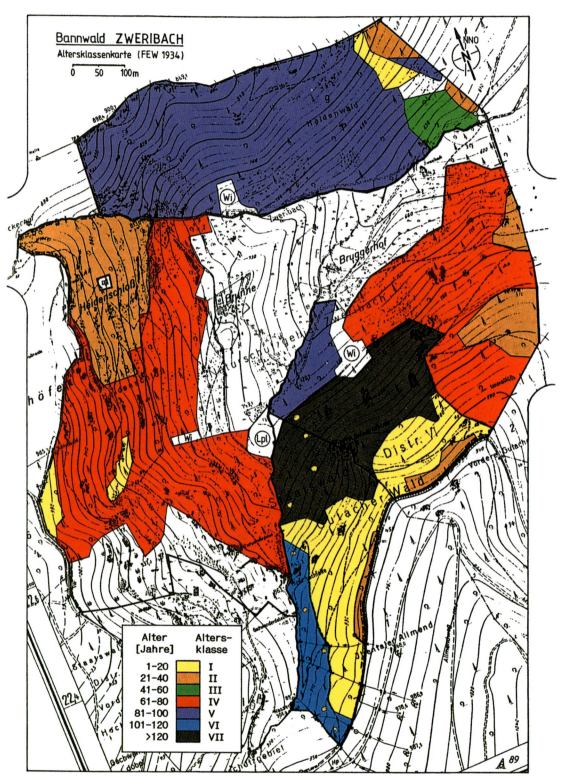

Altersklassenkarten, Arbeitsunterlage der Förster aus dem Jahr 1935 und fortgeschrieben im Jahr 1989 (rechte Seite) mit Alters- und Flächenveränderungen. Die 20jährigen Altersstufen sind farblich angelegt von gelb (1 bis 20 Jahre) bis schwarz (über 120 Jahre)

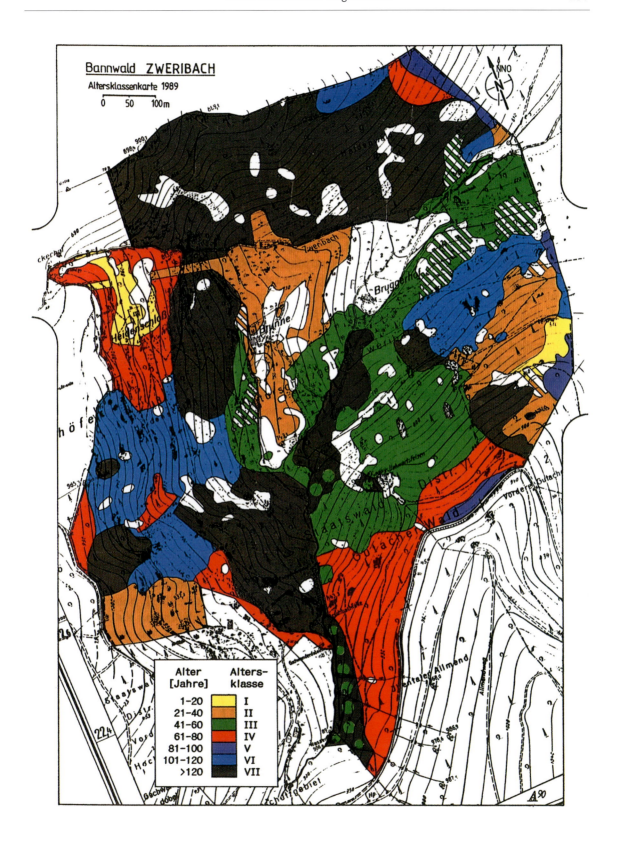

hin, dass auch die Bannwälder des Landes und die dort geleistete Bannwaldforschung nicht unwesentlich zu diesem Lernprozess beigetragen haben. Seit dem Jahr 2013 sind die in Staatsbesitz befindlichen Bergmischwälder plenter- oder femelartig (die beiden Fachbegriffe sind synonym verwendbar) als »Dauerwald« zu bewirtschaften – eine Betriebsform, nicht unähnlich der traditionellen Klosterwaldbewirtschaftung, auch der »regellosen« bäuerlichen »Plenterung« von einst.

[1] Metz, R.: Bergbau und Hüttenwesen in den Vorlanden. In: Vorderösterreich – Eine geschichtliche Landeskunde. Hg. von F. Metz. Freiburg, Rombach Verlag, 1976.
[2] Vertikal angelegte Erdrinnen, in denen man die Holzstämme aus den Steilhängen zu Tal schießen ließ.
[3] Hockenjos, F.: Zur Geschichte des staatlichen Forstamtes St. Märgen. Unveröffentl., 1991.
[4] Hockenjos, F.: Zwischen Feldberg und Kandel. Freiburg, Rombach Verlag, 1969.

Bergmischwald mit Tannen-Unterstand. Hier zeigt sich der Bannwald noch kaum verändert seit dem Ende seiner Bewirtschaftung

Im Bergwald unverzichtbar – die Weißtanne

Vitale Alttannen mit neuerlichem Höhenwachstum

Unter der zusammengebrochenen Fichte findet sich Tannenjungwuchs ein

Tannenjungwuchs im »Dornröschenschlaf«

Erschwerte Startbedingungen im Sturmverhau (linke Seite) und auf der ehemaligen Wiese

Buche – »Mutter des Waldes«

Schwammbuchen

Wo geweidet wurde, dominiert heute die Buche

Umklammerung (Wurzelverwachsung)

Zwillingsbuche mit Astverwachsung

Kapitel 13
Urwald – das (mutmaßliche) Original

Die Waldschutzgebiete, in denen keine forstliche Nutzung mehr stattfindet, sind interessante Forschungsobjekte, und sie werden dies auch in Zukunft sein; weil umgestürzte Bäume in ihnen belassen werden, erhalten die »Naturwälder« bald ein bizarres Aussehen, das für Besucher spektakulär ist. Sie werden deshalb mehr und mehr zu Fremdenverkehrsattraktionen. Auch wenn diese Wälder mit der Zeit immer »wilder« aussehen werden, so sind sie doch keine echten Wildnisse oder Urwälder.

Hansjörg Küster:
Geschichte des Waldes. 1998[1]

Wo doch der heutige Bannwald schon »bizarr« und »spektakulär« erscheint – wie mag erst der »echte« Urwald ausgesehen haben, dessen Rodung der Abt von St. Peter anno 1582 zum Zweck der Holzversorgung des Simonswälder Eisenwerks beschlossen hatte? Und wie nah kommt das heutige Waldbild bereits dem Original? Echt oder unecht, Wildnis oder doch schon anthropogen geprägt – so ganz originalgetreu wird sich der Urwald von einst wohl nicht mehr wiederherstellen oder auch nur bildhaft rekonstruieren lassen. Zumal die klassischen Instrumente der Vegetationsgeschichtler, die Pollenanalyse und die Untersuchung von Holzkohleresten aus der Rodungszeit, hier versagen. Weder Moore noch Kohlplätze sind im Felsenkessel des Zweribachs zu haben, mit denen zumindest die Baumartenpalette zum Zeitpunkt des Kahlschlags zu belegen wäre. Schon gar nicht kann auf historische Abbildungen oder Beschreibungen zurückgegriffen werden.

Die nächstgelegenen Moore befinden sich oben auf der Hochfläche, rund 2 km entfernt von der Bannwaldgrenze, im Westen vorgelagert das Harzmoos, im Südwesten die Hirschmatte. Die Pollenprofile beider Moore deuten in der mit den heutigen Klimaverhältnissen am ehesten vergleichbaren Älteren Nachwärmezeit (der Stufe IX nach Firbas,[2] dem Subatlantikum oder der Buchenzeit) auf Buchen-Tannen-Mischwälder hin, in denen meist die Buchen überwiegen bei nur sporadischem Auftreten der Fichte und einem eher bescheidenen Anteil von Baumarten des Eichenmischwalds. Womit sich uns das Standardbild des Westschwarzwalds darbietet, wie wir ihn uns wohl vor Beginn nennenswerter menschlicher Einflussnahme vorzustellen haben: ein Wald, wie er sich in dieser Mischung auch später noch in den Klosterwaldakten wiederfindet, etwa in der *Specification des Gotteshauses St. Peter Wäld* aus dem Jahr 1729. Beschrieben wird da die Gutacherhalde bis etwa in Höhe des Hohwartfelsens als dicht mit jüngeren Buchen und einzelnen älteren Weißtannen bestockt; dies, wohlgemerkt, obwohl hier bereits Kahlschläge stattgefunden hatten. Dem Geobotaniker und Vegetationsgeschichtler Thomas Ludemann, dem das Aufsuchen und Analysieren von Holzkohleresten zur Passion geworden ist, gelang es im Bannwald Zweribach nicht, auch nur einen einzigen Kohlplatz aufzufinden. Für Köhler und deren Meiler waren die Hänge im eiszeitlichen Karkessel zu steil, und wo das Gelände dafür geeignet gewesen wäre, auf dem Karboden etwa, hatten sich bereits die Siedler breitgemacht. Dabei war die vorderösterreichische Regierung als Betreiberin des Eisenwerks in jener Zeit heftig bemüht, dem Kloster St. Peter und dem Waldkircher Hochstift St. Margareten Holz- wie Kohlholzkontingente abzuringen. Dem in dieser Mission die Klosterwälder visitierenden Bergrat Carato verdanken wir ein weiteres Waldbereitungs-Protokoll aus dem Jahr 1785, das noch immer ein ganz ähnliches Bild zeichnet: Buchen, auch Bergahorn und Tannen in wechselnden Mischungsformen mit einem sehr bescheidenen Fichtenanteil.

oben: Die Nadelbäume überragen die Laubbäume und erreichen auch ein höheres Alter, woraus sich ein Wechselspiel von laub- und nadelbaumdominierten Phasen ergibt.

links: Baumartenwechsel: Vom altersbedingten Ausfall der Buche profitiert die junge Tannengeneration, die lange Zeit unter dem Buchendach im Wartestand ausgeharrt hat. (Aufn. oben 1985, Mitte 1995, unten 2013)

Charakteristisch für naturnahe Buchen-Tannen-Mischwälder ist ein langfristiges Pendeln zwischen buchen- und tannenreicheren Phasen, ausgelöst sowohl durch die unterschiedliche Lebensdauer von Buchen und Tannen als auch durch wechselnde Keim- und Aufwuchsbedingungen. Weißtannen erreichen ein natürliches Lebensalter von bis zu 700 Jahren, Buchen, auch Ahorn, Esche und Bergulme hingegen werden allenfalls halb so alt. Entsprechend unterschiedlich verlaufen die Reife- und die Zusammenbruchsphasen. Hieraus erklärt sich das kleinflächige Wechselspiel, für Naturwaldforscher das »Mosaik-Zyklus-System«. Buchen-Tannen-Urwälder, das beweisen in sehr augenfälliger Weise deren Relikte in den Karpaten, den Dinaren und in den Alpen, gelten dennoch als außerordentlich robuste, gegen Kalamitäten aller Art vergleichsweise unempfindliche Ökosysteme. Was nicht heißt, dass nicht auch in ihnen der Sturm bisweilen flächige Verwüstungen anrichten kann, wie die beiden Fallwindereignisse im Zweribach in den Jahren 1950 und 1997 eindrucksvoll gezeigt haben (vgl. Kap. 3). Selbst der berühmte mehrhundertjährige Tannen-Lärchen-Fichten-Urwald von Derborence im schweizerischen Wallis erwies sich im Jahr 1990 als nicht gefeit gegen ein solches Schicksal. Auch Schneedruck im Oktober, im noch belaubten Zustand der Buchen, kann Gassen und Lücken aufreißen. Derlei Ereignisse sind es vor allem, die nicht nur für eine Anhäufung von Totholz sorgen, sondern auch Platz schaffen für lichtbedürftigere Baumarten.

Die gegen Sturm, Schneebruch, Dürre und Insekten anfälligeren Fichten fanden ursprünglich vor allem auf kühlfeuchten Sonderstandorten die ihnen behagende Nische: in den Karwänden, auch an den Rändern der Blockhalden. Ihre flachstreichenden Wurzeln klammern sich an den Felsblöcken fest wie auch auf liegendem Totholz; letzteres ist eine fichtenspezifische Eigenart, die von der Fachwelt wenig liebevoll als »Kadaververjüngung« bezeichnet wird. Von ihr zeugen die in Urwäldern häufigen, in Wirtschaftswäldern eher seltenen Bäume auf Stelzenwur-

Sehr alte Weißtannen verändern nochmals ihre Rindenstruktur, die quergeriffelt erscheint

Die Fichtenwurzel klammert sich an Felsen fest

zeln, denen inzwischen die vermodernde Unterlage, ob Stämme oder Wurzelstöcke, abhanden gekommen ist. Mit Maserknollen übersäte Stämme, sogenannte »Knollenfichten« in der Beschreibung des Forstbotanikers Ludwig Klein,[3] legen die Vermutung nahe, dass es sich im Karkessel des Zweribachs um autochthone, also originär hier heimische, jedenfalls nicht durch menschliches Zutun eingebrachte Fichten handeln dürfte.

Die »echte« Wildnis im Zweribach unterschied sich vom heutigen Bannwald nicht nur durch einen noch üppigeren Totholzvorrat und eine umso mächtigere Humusauflage, durch noch mehr Spechtbäume und Pilzkonsolen, sondern vor allem durch die einst erreichten Stammdimensionen insbesondere der Weißtannen. Die stärksten Urwaldexemplare dürften ihre heutigen Nachkommen an Umfang, Höhe und Volumen deutlich übertroffen haben. Wiewohl sich etliche der heutigen Tannentürme mit Umfängen in Brusthöhe von immerhin bis zu 4 m durchaus

»Knollenfichte« inmitten von Tannenjungwuchs. Die Maserknollen deuten auf eine autochthone, schon immer hier heimische Fichte hin.

sehen lassen können. Was freilich nur wenig über ihr Alter aussagt: Die Schatten ertragende Tanne vermag als »Unterstand« oder »Vorwuchs« über ein Jahrhundert lang im Wartestand selbst unter dem noch dicht geschlossenen Bestandesdach in einem dornröschenartigen Schattenschlaf zu überdauern – bei mikroskopisch engen Jahrringen und nahezu stagnierendem Höhenwachstum. Tannenvorwüchse sind nahezu unverwüstlich: Während ihr oberirdisches Wachstum stagniert, bilden sie ihre charakteristischen Senkerwurzeln aus, die obendrein zu bypassartigen Verwachsungen von Baum zu Baum fähig sind und sich damit zusätzlichen Halt verschaffen. Mit diesen Überlebensstrategien sind sie in der Lage, selbst lange verjüngungsfeindliche Phasen zu überstehen, wenn etwa allzu viel Beschattung die Ansamung verhindert oder wenn temporär allzu hohe Pflanzenfresserbestände das Gedeihen des besonders verbissgefährdeten Tannennachwuchses behindern. Sobald sich im Obergeschoss eine Lücke auftut und die Lichtverhältnisse es zulassen, legt der Tannenvorwuchs – kaum wachgeküsst – los, als wäre er ein biologisch junger Baum.

Weißtannen gleichen Stammumfangs können demnach ein ganz unterschiedliches Alter aufweisen, ein Phänomen, das auch Thomas Ludemann mit seinen Jahrringanalysen an vom Sommersturm des Jahres 1997 geworfenen oder abgebrochenen Stämmen bestätigen konnte.[4] Eine aus Verkehrssicherungsgründen unmittelbar am Fußweg zwischen den Wasserfällen gefällte, zuvor abgestorbene Tanne stand die ersten 70 von ca. 200 Jahren stark unter wechselndem Schirmdruck, erkennbar an sehr engen Jahrringfolgen, sodass der Baum in dieser Zeitspanne nicht viel mehr als Bierkrugstärke erreichen konnte, ehe schließlich verbesserter Lichtgenuss sich in breiteren Jahrringen niederschlug.

Was den Urwald, das noch komplette Ökosystem des späten Mittelalters, überdies ausgezeichnet hat und von der heutigen Wildnis unterscheidet, war die

Zählebiger Tannen-Vorwuchs

Ein Rehjäger mit Pinselohren und Stummelschwanz – noch immer gibt es im Schwarzwald keine eigene Luchspopulation, allen Bemühungen der Luchs-Initiative Baden-Württemberg e.V. zum Trotz (Foto: W. A. Bajohr)

Anwesenheit der großen Beutegreifer, der natürlichen Fressfeinde von Reh und Hirsch. Vom Einfluss der Prädatoren auf den Bestand ihrer Beutetiere hing nicht zuletzt die erfolgreiche Ansamung und Verjüngung der Weißtanne ab. Die Verfasser des 1970, zum »Jahr des europäischen Naturschutzes« erschienenen Buches *Urwald von morgen. Bannwaldgebiete der Landesforstverwaltung Baden-Württemberg* haben daher zu Recht die Schwachstelle heutiger Waldreservate aufgezeigt, in denen – mit einer einzigen Ausnahme – jeder vermeidbare menschliche Eingriff zu unterbleiben hat: »Lediglich die Jagd muß ausgeübt werden, um den Einfluß des leider nicht mehr vorhandenen Luchses auf den Wildstand einigermaßen zu ersetzen. Ein das natürliche Maß allzu weit überschreitender Wildstand würde die Entwicklung des standortsgemäßen natürlichen Baumartenverhältnisses verhindern, da z. B. die Sämlingspflanzen der Eiche und Weißtanne in viel stärkerem Maße abgeäst werden als die von Buche und Fichte.«

Der Luchs, Sympathieträger und Statussymbol des Waldnationalparks Bayerischer Wald, ist leider noch immer nicht zurückgekehrt, auch wenn er in den Nachbargebirgen des Schwarzwalds, in den Vogesen und im Schweizer Jura, bereits in den 1970er Jahren wieder eingebürgert worden ist und sehr sporadisch dem Schwarzwald, verbürgtermaßen auch dem Simonswäldertal,[5] Besuche abstattet. Weil aber nach den Erkenntnissen der Luchsexperten allenfalls männlichen Jungluchsen die Überwindung der Siedlungs- und Verkehrsbarrieren des Hochrheins gelingt, wird die Raubkatze es wohl auch weiterhin nicht von allein schaffen, eine neue Teilpopulation diesseits des Rheins zu gründen. Weshalb sich seit fast drei Jahrzehnten die *Luchs-Initiative Baden-Württemberg e. V.* um seine Wiederansiedlung hierzulande bemüht: Bislang leider vergeblich, denn Pinselohr wird vom harten Kern der organisierten Jägerschaft leider noch immer als Beutekonkurrent verteufelt, vom Bauernverband abgelehnt als Gefahr für Ziegen und Schafe. »Luxenhof« und »Luxen-

Wann taucht er auf im »Wolferwartungsland Baden-Württemberg«? (Foto: W. A. Bajohr)

häusle«, hoch oberhalb der Einmündung des Zweribachs in die Wilde Gutach gelegen, leiten uns leider auf die falsche Fährte: Die beiden Höfe verdanken ihre Namen nicht dem Ureinwohner Luchs, sondern einem Eigentümer namens Lukas. Dass die Bundesregierung im Jahr 2007 die *Nationale Strategie zur Erhöhung der Biodiversität* beschlossen hat, die nebst der Forderung nach 2 % Wildnis auch das Ziel vorgegeben hat, die deutschen Waldgebirge bis zum Jahr 2020 wieder für die jagd- und naturschutzgesetzlich streng geschützten großen Beutegreifer zu öffnen, ficht die Luchsgegner nicht an.

Damals, in jenem ersten von Brüssel ausgerufenen Naturschutzjahr 1970, dem Geburtsjahr zahlreicher baden-württembergischer Bannwälder, war freilich noch weit weniger abzusehen, dass eines nicht allzu fernen Tages auch der Wolf wieder ins Spiel kommen könnte, dass Baden-Württemberg im Jahr 2009 offiziell zum »Wolferwartungsland« erklärt werden sollte. Denn während der Luchs sich schwertut mit der natürlichen Einwanderung aus den Nachbargebirgen, sieht es nach Einschätzung der Wildbiologen ganz danach aus, als werde die erste Wolfssichtung im Schwarzwald nur noch eine Frage von Monaten sein; trotz illegaler Abschüsse scheint seine Ausbreitungstendenz in Mitteleuropa ungebrochen zu sein.[6] Mag das Wiederauftauchen des Wolfs noch so konflikträchtig erscheinen, beim Bürger noch so zwiespältige Gefühle auslösen – für das Ökosystem Wald, auch für die Gesunderhaltung der Beutetierbestände wären Wölfe ein Segen. »Wo der Wolf jagt«, verheißt ein russisches Sprichwort, »wächst der Wald«.

Auch ohne Zutun von Luchs, Wolf oder gar Bär, ohne den Einfluss der Wilderei, wie sie von den hungrigen Häuslern wohl jahrhundertelang in aller Stille ausgeübt worden ist, hält sich gegenwärtig der Wildverbiss im Bannwald in erträglichen Grenzen, ablesbar vor allem am Zustand der jungen Weißtannen. In den Stammverhauen der Sturmwürfe sind sie leidlich geschützt, doch auch andernorts, selbst auf der einstigen Mähwiese des Brunehofs, befinden sie sich seit etlichen Jahren auf dem Vormarsch. Das war nicht immer so: Als Lothar Heffter, der jagende Freiburger Mathematikprofessor und Bewohner des Gschwanderdobelhäusles, 1912 jenen Teil der St. Märgener Domänenjagd pachtete, der auch den Zweribach umfasste, geriet er, seinem Lebensrückblick zufolge, über den Wildbestand seines insgesamt 1500 ha großen Reviers, das Rehwild ausgenommen, noch geradezu ins Schwärmen: »Es enthielt viel Auerwild mit Balzplätzen, ziemlich ausgeschossenen Rehbestand, Hasen, Füchse, Dachse, einige Ketten Rebhühner, zuweilen Haselwild.« Der Lehrbetrieb an der Universität, die beschwerliche Anreise und die nur sporadische Anwesenheit im Revier, erst recht die in der Nachkriegszeit von den Alliierten erzwungene Jagdruhe waren freilich beste Voraussetzungen für eine rasche und gründliche Erholung des »ausgeschossenen« Rehbestands. Im Jahr 1937, drei Jahre nach dem Inkrafttreten von Hermann Görings Reichsjagdgesetz, hatte der 75-Jährige sich dazu entschlossen, den Jagdpachtvertrag doch nochmals zu verlängern, ermuntert durch die neue, so überaus wild- und jagdfreundliche Gesetzeslage, jetzt sogar um weitere neun Jahre. »Im Sommer 1940«, so berichtet der alte Herr voller Stolz, »schoß ich noch 6 Böcke hintereinander ohne einen Fehlschuß dazwischen«. Was keinen andern Schluss zulässt, als dass sich der Rehbestand schon bis zum Zweiten Weltkrieg – ganz im Sinne des Reichsjägermeisters – enorm vermehrt haben musste.

In den 1960er und 1970er Jahren hatten nicht nur Rehe, sondern auch die Nachkommen der in den Vorkriegsjahren im Feldberggebiet mit dem Segen des Reichsjägermeisters ausgesetzten steirischen und Kärntner Gämsen dem Jungwuchs auch im Zweribach zugesetzt; so heftig, dass der St. Märgener Forstamtsleiter sich – *corrigez la nature!* – dazu verleiten ließ, alljährlich vor Winterbeginn höchstselbst durch die Schrofen unterhalb des Hohwartfelsens zu klettern, um die Gipfelknospen der Weißtännchen mit Schafwolle vor dem Reh- und Gämsenverbiss zu schützen. Die waghalsige Kletterübung hatte er selbst im Ruhestand noch beibehalten – sehr zum Missvergnügen seiner zunehmend besorgten Ehefrau, meiner Mutter. Als Jungakademiker pflegte ich indessen die Kommilitonen samt Freunden und Freundinnen zur ebenso abenteuerlichen wie schweißtreibenden und kräftezehrenden Zweribach-Drückjagd zusammenzutrommeln, ein Unterfangen, das dank der Mithilfe zäher, dreifarbiger Wälderdackel nicht durchweg erfolglos verlaufen ist. Nicht in waidmännischer Gesellschaft, sondern auf der Einzelpirsch hatte ich aus Anlass des bestandenen Hochschulschlussexamens unterm Hohwartfelsen einen Gamsbock erlegt – noch mit des Vaters zeitweilig vor den Franzosen vergrabenem, rostvernarbtem Hahndrilling. Ein jagdlicher Eingriff, den mir die Zweribach-Gämsen übel genommen zu haben scheinen, denn seitdem wurde Gamswild im Zweribach nur noch höchst selten gesichtet, geschweige denn erlegt.

Was aber mag dem Bannwald sonst noch fehlen zum »echten« Urwald, zur »echten« Wildnis? Aus der Sicht des Besuchers, erst recht durch den Sucher der Kamera, nähert sich der Bannwald partienweise verblüffend jenen Waldbildern an, wie ich sie im Laufe meines forstlichen Berufslebens und auch noch im Ruhestand von zahlreichen Exkursionen in die letzten europäischen Urwaldrelikte als Mitbringsel mit nach Hause gebracht habe. Meine Eindrücke von dort, die Fotoausbeute aus »echten« Primärwäldern, lassen mich mehr denn je daran zweifeln, ob die Trennlinie zwischen dem Urwald von einst und dem »Urwald von morgen« so scharf gezogen werden kann, wie es bei Anlegung streng wissenschaftlicher Maßstäbe gerechtfertigt sein mag. Hat der Bannwald noch das Zeug zum wahren Urwald, oder wird er weiterhin bestenfalls die Illusion eines solchen vermitteln können? Schimmert in der forstakademischen Abgrenzung (wie sie im Eingangszitat von Küster anklingt) womöglich doch eher fachegoistische Sophistik hindurch, entspringt sie gar der unterschwelligen Sorge der Forstpartie, nach all den Reformen und Personalausdünnungen vollends für entbehrlich gehalten zu werden? Wo die Bäume hier doch auf das Prächtigste beweisen, dass sie auch ohne den Förster zu wachsen und zu gedeihen vermögen? Als ob Naturwälder und Naturwaldforschung nicht auch imstande wären, Erkenntnisgewinne für den praktischen Waldbau abzuwerfen!

In Teilen des Bannwalds Zweribach, so viel ist seiner Nutzungsgeschichte zu entnehmen, ist es gerade mal eine satte Baumgeneration, die den heutigen Wald vom Urwald trennt. Und wenig spricht gegen die vom Vater (wie auch von Ludemann) vertretene These, dass in den allerunzugänglichsten Hangpartien, geschätzt auf einer Fläche von 20 ha (unterhalb des Hohwartfelsens etwa, entlang des Hirschbachs und an den Wasserfällen), der Kahlschlag der Tiroler, Salzburger und bayerischen Spezialisten angesichts der Probleme mit der Holzbringung einst unterblieben oder zumindest unvollendet geblieben sein

Der unverbissene Tannenjungwuchs weist auf ein derzeit ausbalanciertes Wald-Wild-Verhältnis im Bannwald hin.

könnte. Haben wir es in diesen felsigen Nischen also womöglich doch noch mit »echten« Urwaldresten zu tun? Egal, ob echt oder unecht – als umso staunenswerter will uns die natürliche Dynamik erscheinen, mit der die Rückverwilderung voranschreitet; auch und gerade dort, wo unlängst noch geweidet wurde, wo Reutfelder qualmten, ja selbst in den Gemäuern der abgegangenen Höfe und Mühlen. Etwas mehr Zeit werden nur die Aufforstungen der Vor- und Nachkriegszeit benötigen.

Aufgrund der unterschiedlichen Expositionen im Talkessel, der wechselnden Standortverhältnisse, der Blockhalden und Felspartien kommt Ludemann in seiner wissenschaftlichen Schrift zu einem kaum mehr überraschenden Fazit: »Der Urwald im Zweribach wird nach Struktur und Baumartenzusammensetzung sehr variabel und kleinräumig-kleinstandörtlich fein differenziert sowie im ganzen ziemlich reich an Baumarten gewesen sein: Neben den Hauptholzarten Buche und Tanne werden sich Fichte, Eiche, Berg-Ahorn, Berg-Ulme, Esche, Sommer-Linde und Spitz-Ahorn sowie Vogelkirsche, Sal-Weide, Birke, Pappel und vielleicht auch Hainbuche am Aufbau beteiligt haben, so wie es auch heute noch der Fall ist.« Keine Frage: die Wildnis von heute ist drauf und dran, sich dem Original weiter anzunähern.

[1] Küster, H.: Geschichte des Waldes – Von der Urzeit bis zur Gegenwart. München, C. H. Beck Verlag, 1998.
[2] Die Stufe IX nach Firbas umfasst den Zeitraum von 700 vor bis 700 nach Christus.
[3] Klein, L.: Bemerkenswerte Bäume im Großherzogtum Baden. Heidelberg, Carl Winter's Universitätsbuchhandlung, 1908.
[4] Ludemann, T.: Geschichtsträchtige Vegetation und Landschaft im Schwarzwald. In: Tuexenia Beiheft 6: 29–85. Göttingen 2013.
[5] Im Frühjahr 2015 ist es Wildbiologen der Freiburger Forstlichen Versuchs- und Forschungsanstalt (FVA) erstmals gelungen, bei Yach einen aus der Schweiz zugewanderten männlichen Luchs an einem Schafriss einzufangen und, mit einem Halsbandsender versehen, wieder in die Freiheit zu entlassen. Wie die Sendererergebnisse belegen, gehört auch das Simonswäldertal zu seinem großen Streifgebiet. Noch ist offen, ob er durch bestandesstützende Maßnahmen (durch Zuführung einer Partnerin) zum Daueraufenthalt im Schwarzwald und zur Reproduktion angeregt werden kann.
[6] An der Rheintalautobahn A 5 wurde im Juni 2015 der Kadaver eines überfahrenen Wolfs gefunden.

Kapitel 14

Der Traum von der Wildnis

Es ist umsonst, wenn wir von einer Wildnis träumen, die in der Ferne liegt. Der Sumpf in unserem Kopf und Bauch, die Urkraft der Natur in uns, das ist es, was uns diesen Traum eingibt.

Henry David Thoreau: An American Landscape[1]

Was hat uns der *wilderness*-Philosoph Thoreau noch zu sagen – hier und heute, im alten, dicht besiedelten und reichlich verwohnten Mitteleuropa, wo »echte« Wildnis, anders als in Nordamerika, kaum mehr zu haben ist? Ist der »Traum von der Wildnis« in Wahrheit nicht längst ausgeträumt, wie er sich als zählebiges Motiv durch die europäische Kulturgeschichte zieht, von der Romantik über Jean-Jacques Rousseau, von Wilhelm Heinrich Riehl über die frühen Streiter für vaterländische Naturdenkmäler, Waldreservate und Nationalparks bis hin zu den Wildnispädagogen der Postmoderne? Das Arkadien von heute, »das zottige und das glatte, das dunkle und das helle«, wie der Kunstgeschichtler Simon Schama[2] es beschreibt, »Ort bukolischer Muße« wie »Stätte atavistischen Schreckens«, droht zerrieben zu werden im Widerstreit zwischen künstlich-musealer Kulturlandschaftspflege einerseits und der stofflichen wie energetischen Ressourcenknappheit andererseits. In der so überaus hitzigen Diskussion um den Nationalpark im Nordschwarzwald, wie sie dem Zeitungsleser unlängst noch bis zum Überdruss zugemutet worden ist, sind hierzu alle nur erdenklichen Geschütze aufgefahren worden – bis hin zur These eines Rottenburger Forstprofessors, mit der er am Nikolaustag 2012 sogar die Rute des Klimaschutzes hervorgeholt hatte: Nur der bewirtschaftete Wald tauge als Kohlendioxid-Senke, wohingegen ungenutzter Wald das Klima belaste.[3]

Bei der Wildnisvorliebe – so hat es im Jahr zuvor schon Ulrich Schraml,[4] Professor am Institut für Forst- und Umweltpolitik der Universität Freiburg, im Rahmen eines Kolloquiums dargelegt – sei ein »Krater-Effekt« auszumachen: Je weiter entfernt die Menschen vom Objekt ihrer Begierde, der wie immer gearteten Wildnis lebten, umso besser fänden sie diese. Ausgelöst hatten den wissenschaftlichen Diskurs die Wildnis-Entschließung des Europäischen Parlaments von 2009 und die Forderungen der deutschen Biodiversitätsstrategie, 5 % der Waldfläche aus der Bewirtschaftung zu entlassen und den Wald dort wieder seiner natürlichen Dynamik zu überlassen – Prozessschutz, verstanden nicht als Gegenentwurf zum zumeist landschaftspflegerischen, konservierend ausgerichteten Naturschutz, wohl aber als dessen Ergänzung. Brauchen etwa nur waldferne Städter »Rückzugsorte für die Seele«, wie Beate Jessel,[5] als Leiterin des Bundesamts für Naturschutz Deutschlands oberste Naturschützerin, Wildnisse und die Sehnsucht danach charakterisiert?

Wie das unverkürzte Waldökosystem auflebt, sowohl in seiner Initialphase etwa nach Sturmereignissen wie nach vorangegangener, sodann aufgegebener Nutzung als auch in seiner Zerfallsphase, all das lässt sich beispielhaft im Bannwald und Naturschutzgebiet Zweribach auf einem knappen Quadratkilometer studieren. Was für ein Kontrast, was für ein bärenstarkes Erlebnis, inmitten gepflegter Kulturlandschaft (auch inmitten unserer von Großmaschinen beernteten Wirtschaftswälder!) auf schmalem Zickzackpfad einen Wald voll dickbemooster, mit Baumschwämmen besetzter Stämme zu durchsteigen, in dem der Schwarzspecht kichert und hämmert und wo weder Nutzung noch Biotopmanagement stattfinden: wo Raum und Zeit bleibt für kindliche Primärerfahrung, für Verzauberung, aber auch für Imagination und Selbsterfahrung der Erwachsenen. Wo etwas wächst, das augenscheinlich weder *für* noch

von Menschen geschaffen und gestaltet wird: sich selbst überlassene Natur!

Die *Natur Natur sein lassen*, so lautet das Motto des 1970 im Bayerischen Wald gegründeten, ersten deutschen Waldnationalparks, und wem kämen da nicht sogleich die horizontweiten Borkenkäferflä-

wald des Zweribachs lässt sich der Rückwechsel in die Wildnis fraglos gelassener verfolgen: Als brutal empfundene Veränderungen des Wald- und Landschaftsbilds, wie sie die altbösen Feinde bewirtschafteter und unbewirtschafteter Fichtenwälder zu verursachen imstande sind, die zur Massenvermehrung neigenden Rindenbrüter, Buchdrucker und Kupferstecher, brauchen hier weder befürchtet noch an die Wand gemalt zu werden – auch nicht in Zeiten des Klimawandels.

Das eine tun, ohne vom anderen zu lassen, die Landschaft pflegen und zugleich »Wildnis« zulassen, so wünscht man sich Natur- und Landschaftsschutz im 21. Jahrhundert, den behutsamen Umgang mit der Kulturlandschaft des Schwarzwalds. Die scheint heute stärker bedroht zu sein denn je: durch eine die Regeln landschaftsverträglicher Baukultur zunehmend missachtende Siedlungsentwicklung ebenso wie durch energiewirtschaftliche Eingriffe oder auch durch den Trend zu massentouristischer Eventkultur. So mag uns denn die Landschaft im und um den Bannwald und das Naturschutzgebiet Zweribach nicht nur als Lehrbeispiel dienen für den Wandel in der Kulturlandschaft, das Aufeinanderprallen von historischen und neuzeitlichen Landnutzungsformen, sondern auch für das gesteigerte Schutzbedürfnis der noch als schön und ursprünglich empfundenen Landschaftsteile unter Einschluss des Ökosystems Wald. Den *Traum von der Wildnis,* unsere Sehnsucht nach arkadischer Gegenwelt, mithin nach Schönheit und Ursprünglichkeit, haben uns all die Eingriffe und Belastungen nicht gänzlich auszutreiben vermocht, mögen diese das Landschaftsbild noch so sehr entstellen und beschädigen. Die Wildnis, und sei sie auf noch so kleine, abseitige Nischen beschränkt, auf »Urwälder aus zweiter Hand«, ist noch immer imstande, uns über vieles hinwegzutrösten.

chen zwischen Rachel und Lusen in den Sinn, die auch den hiesigen Nationalparkgegnern die Munition geliefert haben. Im Schlucht- und Bergmisch-

[1] Thoreau, H. D.: An American Landscape – Selected Writings From His Journals. New York, Rothwell-Books, 1995.
[2] Schama, S.: Der Traum von der Wildnis – Natur als Imagination. München, Kindler, 1996.
[3] Leserbrief an den *Schwarzwälder Boten* vom 6. Dez. 2012.
[4] Schraml, U.: Der Ruf der Wildnis. Faszination und Konfliktpotential eines alten Traums. 31. Freiburger Winterkolloquium Forst und Holz, 27. Januar 2011.
[5] In: *Der Spiegel* 50/2014.

Mein Dank

gilt allen, die dieses Buchprojekt materiell unterstützt haben, vorneweg dem Schwarzwaldverein, dem Landkreis Emmendingen, dem Naturpark Südschwarzwald und der Gemeinde St. Märgen, aber auch allen, denen ich Anregungen und Ergänzungen zum Stoff dieses Buchs zu verdanken habe, vor allem Dr. Thomas Ludemann, aus dessen Arbeiten ich schöpfen und zitieren durfte. Für die kritische Durchsicht meiner Texte wie der Fotos danke ich besonders meinem Bruder Klaus, der mir auch beim Auffrischen mancher gemeinsamer Erinnerungen an die Hirschbachmühle half. Das gilt auch für Prof. Dr. Ernst-Ulrich Köpf aus Tharandt, der anno 1949 ebenfalls seine Ferien im Zweribach verbracht hat. Rolf Steinle verdanke ich viele Informationen über das älteste noch bestehende Gebäude und über seine Pächter. Helgo Bran, der Pilzexperte, half mir dankenswerter Weise bei der Identifizierung und Benennung der vielerlei Fruchtkörper im Bannwald. Wie ich dankbar auch die Spezialistenhilfe der Tierfotografen Wolfgang Alexander Bajohr (S. 151 und 152), Klaus Echle (S. 35) Bernhard Scherer (S. 35) und Erich Marek (S. 123) in Anspruch nahm. Nicht zuletzt habe ich meiner Frau Gertrud für ihre ideelle Unterstützung zu danken; für die Vielzahl meiner Fotoexpeditionen in die neu entstehende Wildnis hat sie stets Geduld und Verständnis aufgebracht.

Mein Buch ist auch ein posthumer Dank und eine Hommage an meinen Vater Fritz Hockenjos, den Initiator dieses ersten badischen Bannwalds. Aus seinen veröffentlichten Schriften wie aus seinem Nachlass einschließlich seines vorzüglichen Bildarchivs habe ich manches verwenden können, was mir zur Dokumentation der Wald- und Landschaftsentwicklung in diesem Talkessel unschätzbare Dienste geleistet hat und was nicht in Vergessenheit geraten soll.

Die Kooperation mit *Der Kleine Buch Verlag*, namentlich mit Frau Natascha Matussek, gestaltete sich konstruktiv und vertrauensvoll. Gewohnt erfreulich verlief die Zusammenarbeit mit den Herren Stefan Krauss und Andreas Färber, die sich bereits bei meinem Buch *Tannenbäume* (DRW-Verlag 2008) bewährt hatte. Dafür, dass *Der Kleine Buch Verlag* meine Buchidee aufgegriffen hat und bereit war, mit der Herstellung und Verlegung des Buchs ein unternehmerisches Wagnis einzugehen, schulde ich ihm besonderen Dank!